U0559821

《老子想尔注》 释义

韩金英◎著

团结出版社
UNITY PRESS

© 团结出版社，2023 年

图书在版编目（CIP）数据

《老子想尔注》释义 / 韩金英著 . 一北京：团结
出版社，2023.10（2024.11 重印）
ISBN 978-7-5234-0302-0

Ⅰ.①老… Ⅱ.①韩… Ⅲ.①《老子想尔注》- 译文
②《老子想尔注》- 注释 Ⅳ.① B223.1

中国国家版本馆 CIP 数据核字 (2023) 第 138020 号

责任编辑：尹　欣
封面设计：韩金英

出　　版：团结出版社
　　　　　（北京市东城区东皇城根南街 84 号　邮编：100006）
电　　话：（010）65228880　65244790（出版社）
　　　　　（010）65238766　85113874　65133603（发行部）
　　　　　（010）65133603（邮购）
网　　址：http://www.tjpress.com
E-mail：zb65244790@vip.163.com
　　　　　fx65133603@163.com（发行部邮购）
经　　销：全国新华书店
印　　装：三河市东方印刷有限公司

开　　本：170mm×230mm　　16 开
印　　张：12.75　　　　　　　　　字　　数：179 千字
版　　次：2023 年 10 月　第 1 版　　印　　次：2024 年 11 月　第 2 次印刷

书　　号：978-7-5234-0302-0
定　　价：49.00 元
　　　　　（版权所属，盗版必究）

序：张道陵《老子想尔注》

《老子想尔注》是对老子《道德经》的注解，作者是东汉时期的张道陵。
《老子想尔注》在北周武帝时遭禁。之后，长期失传被埋没。清末在敦煌莫高窟发现的古本典籍中，有张道陵的《老子道经想尔注》残本，全本共五百八十行。注与经文连写，字体不分大小，章次不分，过章不另起一行。据考证，它是六朝时期的钞本。此残卷在1905年失窃，现收藏于大英博物馆，编号为斯氏（斯坦因）六八二五。该残卷始自《老子》第三章"不见可欲，使心不乱"，终至第三十七章"无欲以静，天地自正"。

作者通过对张道陵著作的通俗解读，让人们感觉大道是那么朴素、简单，平易近人，顷刻间拉近了普通人和《道德经》的距离。《老子想尔注》这部生命的教科书，纯阳的正能量，像太阳一样照耀着每条生命。但这样一部《道德经》的普及版本，却遭遇了各种误解。

因为《老子想尔注》这部书，张道陵被认为是道教的创始人，这都是后人做的事。作者张道陵提倡自然心灵、与道合一的生活。道是生命的智慧，和宗教没有关系。他说："天之正法，不在祭啜祷祠也。道故禁祭啜祷祠，与之重罚。祭啜与耶通同，故有馀食器物，道人终不欲食用之也。"天之正法，不在祭祀祷告，不在庙堂。所以道禁止人们祷告，否则就给予重罚。祭祀与邪说相同，所以，那些用于祭祀的食物和器具，道人不吃不用。道是很干净的，对道来说这些杂质都是不需要的，要把这些杂质清理掉。道是生命的生机本源，本源就是自然、干净。人的心灵自然、干净地活着，就是修道，就能得道。张道陵反对宗教，认为大道无门无派，却被后世利用为宗派之主。

《老子想尔注》和张道陵是一回事，既是对张道陵的误解，也是对《老子想尔注》的误解。他说："不从人贷，必当偿之，不如自有也。行《玄女经》、龚子、容成之法，悉欲贷；何人主当贷若者乎？故令不得也。唯有自守，绝心闭念者，大无极也。"知道守黑的人，道光常在，不需要从别人那里借，拿了别人的毕竟要还，不如自己有。行《玄女经》、龚子、容成之法，都是想借贷，那是借贷不到。干净的光来自干净的心灵，心灵干净了，才能得虚无的先天一炁。绝心闭念，没有念头，自己就能够得到，根本不用借贷。如果你跟别人借，那就不是老天的天光，是有杂质的，老天的天光是非常干净的。《老子想尔注》多处批判阴阳双修，结果被说成提倡房中术。

第三，被污蔑反对孔子。张道陵说："道甚大，教孔丘为知。后世不信道文，但上孔书，以为无上，道故明之，告后贤。"道是很广大的，教给了孔子智慧。道要人们明白这一点，大道才是最初的，也是在告诫后来的贤士，不要忘本。张道陵的本意是告诉人们找到根本才能开智慧，并不是反对孔子。

《〈老子想尔注〉释义》一书的出版意为正本清源，正确地解释出作者张道陵的真实想法。同时也是继承张道陵的心愿，普及、推广大道。

韩金英

目录

第一章　原著遗失。

第二章　原著遗失。

第三章　安民

"安民"讲的是安心，管不住杂念，不能清净就入不了道。

原典：不见可欲，使心不乱。

——《道德经·第三章》

《注》：不欲视之，比如不见，勿令心动。若动自诚，道去复还，心乱遂之，道去之矣。

"不欲视之，比如不见"，意为心里根本就没有看的想法，不论是窈窕淑女，还是翩翩君子，抑或珍馐美味，任何东西放在面前，看到了就像没看到一样不动心。这是一个得大定的心，不被外缘所牵动。不去看能引起欲望的东西，不能证明心已经有了定力，回避不看的心不动和视而不见的不动心，是两回事。定力来自心光的强大，普通人的心光很弱小，很容易被外界牵引，随外缘而动，叫攀缘心。见到什么就被牵引走，就会顺着想，一念接一念地动，这就是普通人。得定的人处在忘境，不用任何人为的方式让自己心静。在动态的生活中，自然入定，忘记眼前。主管反应的光，暂时出游，人就什么念头都没有了。

"勿令心动，若动自诚"，意为不让心动，胡思乱想一来，要马上有所警觉，从杂念中回归清静。要时刻警惕，发现心动或胡思乱想，要立刻把它戒掉，就像戒烟一样自觉地戒掉念头，这就叫修道。道是清静、自然、自在。

喜怒哀乐之未发谓之中，中就是道。情绪、念头都没发出来的清静、自然、自在就是初心、大道。

"道去复还"，意为有念头了，离开了清静自然，就是离开了大道。有念头，不顺念往下想，念头没了，道就回来了。

"心乱遂之，道去之矣"，意为心胡乱地跟着外缘跑，道就离开了。修道就是修心，乱起念头的话道就走了；念头没了，干干净净的，感觉与能量合一的道就又回来了。有念道去，无念道来。没能量时还能心静，这不算是真静。元精发动了，能量爆发起来，能心静不动念，只剩下纯粹的感觉与能量合一，那才是活生生的当下真静的初心。

原典：圣人治，灵其心，实其腹。

——《道德经·第三章》

《注》：心者，规也，中有吉凶善恶。腹者，道囊，气常欲实。心为凶恶，道去囊空。空者邪入，便煞人。虚去心中凶恶，道来归之，腹则实矣。

用能量拴住心念，才能修心。"心者，规也，中有吉凶善恶。"规是圆的意思，心是包罗万象的总体，吉凶善恶都装在里头。"腹者，道囊，气常欲实。心为凶恶，道去囊空。"腹部是道的口袋，元气充满其中。凶恶是阴气，心有阴气，道囊即空。清静自在的初心是纯阳，回归清净的初心，腹部就元气满满。心有各种念头，都是阴气，阴气一起，元气就没了。"空者邪入，便煞人。虚去心中凶恶，道来归之，腹则实矣。"初心是光属金，后天意识心是阴气，属火，火克金，后天意识心一动，火一起，金就遭殃了，光或者飞走，或者被化了。光是化元气的正能量，光走了元气就没了，元气弱，邪气就侵入身体害人了。好的想法、坏的想法全是阴气。没有想法，无心是纯阳，有任何心思都是阴气。所以去掉后天的意识心，道气归来，元气实腹。

后天意识心是元气杀手，如何降伏其心，人为的方法是用意识管意识，那是头上安头，管不住，还会壮大后天意识，使其猖狂。用能量管意识，元气是电感，电感一起，就顾不上胡思乱想了，只有感觉与能量，没有一丝多余的杂念，这就是初心本性，就是人体的天道、自然大道。用能量管念头叫"灵其心，实其腹"。圣人安民的方法，就是管人心的方法。没有念头了，无心"道来归之，腹则实矣"。肾气是人的元气，道气是老天的元气，也叫先天一炁，是人的元气的祖宗。腹部黄庭是承载先天一炁的所在。道气归腹，就是接通先天一炁。灵其心，灵是光与灵气智慧，先天一炁化为心光，心光大了，灵气智慧就增长了。

人的心和肾是相辅相成的关系。如果是自然的本心，和元气是匹配的。肾主骨，有了老天的元气，人的骨骼就强壮。如果是一颗霸道、逞强、较劲的心，远离了心灵的自然状态，就是远离了道气和先天一炁。所以心智强了会坏事，心和能量的关系要调整，削弱人的竞争心理和意图，增强人的筋骨体魄。把逞强的心调弱，自然是最柔弱的，把心调柔，元气才能回归，道气才能回归。如果心很强硬，就把老天的元气挡住了，元气就进不来了。

原典：弱其志，强其骨。

——《道德经·第三章》

《注》：志随心有善恶，骨随腹仰。气强志为恶，气去骨枯，弱其恶志，气归髓满。

"志随心有善恶，骨随腹仰。"善恶讲的是阴阳，后天意识不是偏阴就是偏阳，偏是邪阴之气，阴阳和谐为一，才是天地正气，才是最柔和的先天一炁。腹部依赖老天的元气，元气影响着骨骼的强弱。

"气强志为恶，气去骨枯"，心志强是阴气，阴气为恶，老天的阳气是跟你的无心结合的，后天意识的阴气一来，就把老天的德一之光挡住了。没

3

有元气的养育，骨骼就会干枯。有病的人、年老的人、身体差的人，骨髓是干枯发黄的。元气很强的人，他的脊髓液就像十几岁的青年，是充满的、透明的、放光的。

"弱其恶志，气归髓满。"是讲把过强的心去掉。什么叫心强？超出自然都是强，要让心变得自然柔软，老天的元气能量就来了，叫气归髓满。老天的元气，自然之光，无比尊贵，高生物电是让人永葆青春的能量，让人的细胞、骨骼、血液到处有光，让脊髓液是充满的、饱和的。

原典：常使民无知无欲。

——《道德经·第三章》

《注》：道绝不行，耶文滋起，货赂为生，民竞贪学之。身随危倾，当禁之。勿知耶文，勿贪宝货，国则易治。上之化下，犹风之靡草。欲如此，上要当知信道。

"道绝不行，耶文滋起"，人在无知无欲的状态，就被老天的元气养育。可是，现在道绝迹不流行了，因为邪知邪见、假佛假道，各种各样的知识，已经把人的心搞坏了，干净的大智慧初心，被装填了很多垃圾、很多假知识。

"货赂为生，民竞贪学之。身随危倾，当禁之。"用贪欲来引诱人，使人把追求贪欲、追求功名利禄这些物质的东西作为人生的目标。一个生命有它的规则，完全不管生命的规则，物化生命，把一个人变成物质就叫物化，用追求物质来消耗一生，把一个活的变成一个死的，所以才使这么好的大道不能流行。绝大多数人是糊涂的，都投身到贪欲物质之中，邪知邪欲使人陷入危险，应当禁止。

"勿知耶文，勿贪宝货，国则易治。"如果一个人不知道那些歪理邪说，把自然直觉的心保护得很好，还守着自然、自足、和谐的状态，而不是把一个人逼到极端的状态，一个活不好、活不了的状态。如果是这样的话，"国则易治"的国代表身体，意为身体就会很好，很容易治理。

"上之化下，犹风之靡草。欲如此，上要当知信道。"道是以上化下的，把大脑中的邪知邪欲去掉了，全身就被道运化了，"上"指头、心，"下"指肉身，你知道真相信大道了，就像风吹草一样，风卷残云，身体就很容易治理好。真心是得道的前提，真心出来了，道的自然运作就会生生不息地发生。真信不实，入道的层次会很低。

原典：使知者不敢不为，则无不治。

——《道德经·第三章》

《注》：上信道不勌，多知之士，虽有耶心，犹志是非。见上勤勤，亦不敢不为也。如此国以治也。

明心见性不倦，浊精虽有邪心，也能明辨是非，因为一心坚定，也不敢胡作非为。如此，身国可治。

听到了歪理邪说，因为你信了道，假的就翻不起浪来，真的大道的能量就把假的压住了，所以假的也不敢为非作歹。大道是永恒的、生生不息的纯阳能量，是永远用不完的生机能量。

"安民"有以下几个层次：一是入定、无欲，是躲着不见才心静，还是见什么都根本不动心；二是去掉心志对能量的阻碍，心气强了是阻碍能量的，所以要调心，把心调到柔软、自然的状态；三是回归无知无欲；四是坚定地守本心。

这一章讲安民，讲修心，管住杂念。怎样把心给安抚好，上述四个层次做到什么程度，本心守得坚定，就会化电为光。

第四章　道源

"道源"讲的是合道，无知、无识的一点灵光，初心本性才能够合道。

原典：道冲而用之又不盈，渊似万物之宗。

——《道德经·第四章》

《注》：道贵中和，当中和行之，志意不可盈溢，违道诫。道也，人行道，不违诫，渊深似道。

"道贵中和"，行中和之道。人为的意识不能太强，不能违背道的教诲。道是靠人去实践的，人遵守了道的教诲，生生不息地发展变化，就会和道一样深不可测。阴阳混一谓之中，阴阳二是偏，阴阳混化是一，一是中，也是正。例如，感觉和能量是一对阴阳，有多少能量，就能自然地感觉多少，这就是中、和、正。能量不足时用力地想让能量多点，这会使感觉和能量失衡，就不是中和之行，用的也就不是感觉元神，而是后天意识的识神。必须要识神退位，元神当家，除了纯粹的感觉，不需要后天意识的强迫和干扰，后天意识的干扰就违背了道的需要和教诲。只有初心的感觉与能量完全同步、融合，才能行中和之道。后天意识的"我要这样、我要那样，过强的心气，以心的欲望、愿望"都是违背道诫的。"诫"是言字旁的诫，不是戒律的意思，而是劝告的意思。道诫讲的是道的劝说，要听从道的劝说，否则就入不了道。道劝说的是什么？道劝说的太多了，整部《道德经》都是道的劝说。现在说的是中和的先天一炁。你的身体和心灵都要成为中，心气心气，心与气之间要平、要均，气才是和气。先天一炁无限柔软，又无坚不摧。气是支撑肉身的动力，但是动力源是柔软的慈心。慈软如棉的心，才能接通先天一炁。这个初心是干干净净的一

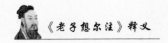

点灵光，人的感觉也是灵光，灵魂的智慧之光。而强迫的后天意识，则是黑烟。纯洁的灵光能吸引外部空间的先天一炁，但黑烟是做不到的，不仅做不到还会把自己的元气耗干。所以说"志意不可盈溢"为道诫，道是这样劝说你的，你就必须听话，听了就会有道，不听就会离德失道，就是这么简单。

"道也，人行道，不违诫，渊深似道"，人实践道，不违反道诫，才会像道一样深邃而厚重。能化生万物无限大的道，是人在行的，人的真阴和真阳合一之后形成金丹的光，就是一点灵光，是先天一炁的光，人有光才能够行道。若只是投胎来的那一点光，一生消耗能量，消耗完也就死了。然而人是可以恢复这一点灵光的，不违背道的劝说，真正达到了中和，心灵总是一个自然、自在的状态，一切都顺其自然。一点灵光元神是没有记忆的，像时间一样干干净净。一往无前，总在创新和快乐中度过，过了就全忘了。元神像时间一样活着，没有记忆的垃圾。谁的日子过得像时间一样干净、利落，谁就是元神当家，跟着心在活着。培养了时间一样的心，就是在行道，就可以体验大道的无限。大道无形且深邃，拥有无限的厚重，虽看不见摸不着，但是你能够体验。

原典：挫其锐，解其忿。

——《道德经·第四章》

《注》：锐者，心方欲图恶。忿者，怒也，皆非道所喜。心欲为恶，挫还之，怒欲发，宽解之，勿使五藏忿怒也。自威以道诫，自劝以长生，于此致当。忿争激，急弦声，所以者过。积死迟怒，伤死以疾，五藏以伤，道不能治，故道诫之，重教之丁宁。五藏所以伤者，皆金木水火土气不和也。和则相生，战则相克，随怒事情，辄有所发。发一藏则故克，所胜成病煞人。人遇阳者，发囚克王，怒而无伤，虽尔，去死如发耳。如人衰者，发王克囚，祸成矣。

"锐者，心方欲图恶。忿者，怒也，皆非道所喜。""锐"指人的心刚刚有一个想法，忽然就变得锐利了。人的心在自然状态的时候是很柔和的，混混沌沌的，但念头一起，柔和和混沌的状态突然就变了，变得像刀锋一样锐利。

"心方欲图恶。""恶"讲的是阴气，人刚一想什么的时候，阴气就起来了，"锐"和"忿"都不是道所喜欢的，道不喜欢把心变得那么精明、那么强烈，也不喜欢各种各样的情绪。心念刚要起来，就马上把它消掉。好像本来舒服自在地躺着，突然站起来发怒，他刚一起来的时候，就赶快给他按下去，让他再躺下，去休息，叫"挫还之"，挫败的意思。心中的邪念刚想抬头就抑制它，怒气即将发作就排解它，马上往宽了想，劝自己放下，不要让愤怒的黑烟污染你的五脏。五脏需要的是元气，需要的是光，不需要阴气和邪气。劝自己听道的告诫，用得长生来勉励自己，这样做才最恰当。

愤怒导致行为激烈，就像紧绷的琴弦发出的声音，这是一种极其不自然的状态。长期愤怒，消耗魂光，光弱了就会生病，慢慢积累怒气，就会走上积死之路。把死也看成一个活的生命体，发怒就是慢慢积累死。比如，我们因为着凉生病了，管肺的地方就有了阴气。你刚用艾灸清理咽喉的阴气，那股邪气一下就跑到手背上来了。你就能体会到这个病气、阴气也是活的，也是很精彩、有很丰富内涵的一个生命。张道陵祖师是一个得道的人，对于死的感受和体会，他给出了两个词，一个叫积死，另一个叫伤死。就是把死积累了，把死伤着了，因此五脏都会受伤，道也不能挽救。比如哪个地方有病症了，病就是阴气，先天元气可以平衡一切阴气。

"五藏以伤，道不能治"，讲的是如果你跟老天的元阳之气连接的话，你一定是无心的纯阳之心，这样才能引来纯阳的能量。如果你是强大的后天意识心，整个人都是阴气，根本就接不进来阳气。所以，要牢记道贵中和、戒极端的劝告。道诫就是要人去掉七情六欲，不要处于阴气状态，反复地告诫人，要去掉识神，识神是阴气，人的病都是违背自然的识神带来的。要管住心，就不会接收这些阴气；要"挫其锐，解其忿"，让人修心性，才能保持纯阳。

五脏受伤，皆因五行之气不和。五脏是肉身上的，它是有形的，但是金、木、水、火、土这五行之气是无形的，这些无形的方面不和谐了，有形的肉身就会受伤，无形决定有形。虚无的五行之气，和则相生，冲则相克。比如一个人胆小，那是义德能量弱，就是无形的金气弱了，才会胆小怕事。

"随怒事情，辄有所发。"生气对人是最大的伤害，顺着外缘动心就会发怒。怒气从一个脏器发出，就造成了五脏的五行之间相互冲突，只有五行的冲突才会成病伤人。五行的金、木、水、火、土之气要非常和谐，差一个都不行。如果你不懂，随意生气、发火，实际上触动的是你无形的方面，这样五行之气就混乱了，五脏就受伤成了病。

"人遇阳者，发囚克王，怒而无伤，虽尔，去死如发耳。""王"是旺盛的意思，"囚"是指衰败之气，说一个人阳气壮时，发中衰之气克制兴旺之气，当你还有点本钱，还比较壮，发火、生气暂时不会让人受伤，但是你一发火，看似没有伤及五脏，实则已经伤到了五行之气，离死就很近了。死是什么呢？这个死不是死亡的意思，而是指衰败到了极点，离这个点很近了，像隔着一根头发丝。

"如人衰者，发王克囚，祸成矣。"如果人处于衰弱时期，年纪很大了或有一身的病气，若此时他还生气的话，就是发兴旺之气克制中衰之气，阳气就会被消耗完，最终酿成大祸。

从五行生旺死绝表中看五行与四季的生旺关系。"旺"为最旺，"相"是次旺，"休"是小衰，"囚"是中衰，"死"是最衰。一年四季，金、木、水、火、土五行有一个盛衰的变化。刚才说"发囚克王""发王克囚"，讲的这个"囚"，就是中衰。如果你用中衰来克制"最旺"，很快就变成了最衰的"死"。如果是"发王克囚"，一个人本来快死了，没有什么阳气了，若再用仅存的那点气来克制中衰，你就必死无疑。这是自然规律，五行与四季是一个自然的阴阳变化的过程，有盛有衰。在一年四季，比如春天的时候是木——旺、火——相、土——死、金——囚、水——休，"旺、相、死、囚、休"讲的就是由盛到衰的过程，这是一个大自然的客观规律。一年四季从冷到热，又从热到冷，从春天生长，到秋天收获，都是自然的循环规律，跟迷信半点关系都没有。所以不懂道的人不知五行与四季气候的变化存在着自然规律，却把五行说成是迷信。

原典：和其光，同其尘，湛似常存。

——《道德经·第四章》

《注》：*情性不动，喜怒不发，五藏皆和同相生，与道同光尘也。如此湛然，常在不亡。*

情绪不随意波动，喜怒未发，五脏和谐相生，人的本性之光就与道光融合，如此寂静，人的光得到道光的养育，就会长生。

接着"挫其锐，解其忿"，还是讲修心性。这一章讲道源，怎样才能融入大道的本源？那就是修心性。"情性不动，喜怒不发"，是自然、自在的状态，五脏和谐相生。人的喜怒情绪没有发出来中和的状态，就是本性的自然状态，本性的状态才能合道，与道同光尘，才能与道光融合。人的光只是老天给的一点灵光，是入胎成人的活力之源。人生的各种消耗，当把活力之源消耗完了，人也就死了。但是与道光融合了，人的活力之源不仅不消耗，还会增长，死的根源问题就解决了。"常在不亡"，是说一点灵光与道光融合后，不经历生老病死，像汽车的油箱空了，车就开不起来了。一点灵光的饱和度停留在16岁最丰满的时期，不再变小，也不会变没。"不亡"指的是光的生命形态，总是保持一个年轻态，而不是指肉身的死亡。

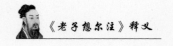

原典：吾不知谁子，像帝之先。

——《道德经·第四章》

《注》：吾，道也。帝先者，亦道也，与无名万物始同一耳。未知谁家子，能行此道，能行者，便像道也，似帝先矣。

我不知道是谁的孩子，好像是先于天地而生。讲的就是一点灵光，是没有肉身前的一点灵光，是人的自然心灵的光。

吾就是道，先天一炁也是道，和万物起始是一样的，是让一切发生的根源。不知道是哪位能行此道，能行道的人，便和道相像，和先天一炁相似。

这一章讲道源，讲人如何融道。第一，心志盈满，违背中和。要中和，不能心志盈满；要无心，总是处在简单自然的中和状态。第二，无知、无欲合道。第三，先天一炁是道源。管好心，恢复到无知、无欲的一点灵光的先天的心灵状态，完全是一个自然感应，脑子里没有任何思索、纠结、念头。只有这样无知、无欲的自然心灵，才能与大道融合。

"道源"这一章的思路是很明确的，它是站在人的角度，讲人怎么能融合到大道里。把心性修好了，心光才能融道。"道源"这个题目太大了，无限大，这里只集中讲如何与道源相融合。

第五章　虚用

"虚用"讲大道是虚无的，但是这个虚无万分有用。天地施化无所谓仁与不仁，天地看待万物都是一样的，不对谁特别好，也不对谁特别坏，一切顺其自然发展。"刍苟"意为古代祭祀时用草扎成的狗。

原典：天地不仁，以万物为刍苟。

——《道德经·第五章》

《注》：天地像道，仁于诸善，不仁于诸恶，故然万物，恶者不爱也，视之如刍草如苟畜耳。

天地的元炁对万物来说只是虚用，这个虚用是平等的，生死、好坏、多少都是一体的，是没有分别的平等智慧。

"仁于诸善，不仁于诸恶。"天地没有分别心，为什么把仁德之光给善的，不给恶的？因为道是纯阳，人身只有一点灵光是阴阳混一的纯阳。人的肉身、思想、情绪等都是阴气。道光这个纯阳能量喜欢阳的生，不喜欢阴的死。一个无心的、简单自然的心灵是纯阳，老天的元气就来了。老天的元气喜欢无心的人，光很亮，老天的光就喜欢找这样亮的地方，找光亮的人，给更亮的光，把人的光养大。一个纠结、扭曲的心灵是纯阴，老天的元气会离他远远的，道光喜欢在纯阳有光的地方停留。阴气重的人，灵光就像棵败草，一定是很灰暗的，亮光很弱。本来一个生机勃勃的生命，现在都干枯了，没有生机了。

"故然万物，恶者不爱也，视之如刍草如苟畜耳。"道光的杀，不喜欢恶的阴气，杀是为了生，杀是生的手段，生杀是一体的。比如心光能量大的人，看到一个心脏病发作的人，物理光自然就流向低处，流向病气，把阴气平衡了，纯阳能量杀阴气，是为了让这个人恢复生机，让心脏病走开。健康就是阴阳平衡，高阳之光平衡阴气，使人归于正常，正常就是道，阴阳和谐就是道。道光对于阴气，只是虚用，把过分的阴气杀死、平衡阴气都是在一种虚无的状态中完成。道光绝不做具体的事情，用虚就把问题解决了。

第一点是道的劝告。首先你必须把心管好，简单自然的心会让你成为一个光很亮的人，这样老天的光才会来找你，才会哺育你的光。如果是一颗恶毒的心，黑暗无比，老天的光根本就不理你，更不可能把你的光给养大。所以，必须听道的话，天光才养你，自然就是光。

第二点是用虚。光的世界、光的规则，是用虚的，它是物质世界无形的能量，肉眼虽看不到但起了主导作用。阴阳之气就是虚用，比如秋冬季节的水果、蔬菜是湿寒之气的主要来源，水果是凉的，那把水果煮熟了吃行不行？煮熟的水果虽然热了，但它还是会加重湿气，会导致发胖等问题。阴寒之气，只有主管感觉的光可以感应，后天意识是感觉不到的。道是光，道的用虚就是光之用。虚无的虚不是不存在的意思，虚是道体，有体必有用，是更重要的主宰能量。笔者学习《道德经》几十年，心光已经很敏感了，所谓最细身心，心细如丝。比如过来一个人，这个人身上的阴气很重，一般的人感觉不到，但我可以感觉到。那种感觉像心脏差点被揪出来。光像一面镜子，是阴是阳，一看便知。光是物理能量，能量往低处流动。遇到纯阳能量比我高的，我就沾了别人的光，遇到纯阳能量比我低的，光就被别人沾去了。

这一章讲虚用。大道的用就是虚用，虚是道体，也是人的体。无知无识，喜怒哀乐未发的自然心灵，是人的体。人是大自然的杰作，人的主宰就是自然心灵的自然之光。人体的 98% 都是自然的，都属于自然之光的统治。修心性，就是让人为的后天意识退位，让自然心灵的心光大智慧主宰生命。心光本来像一面干净的镜子，沾染太多的灰尘，心就会被蒙蔽。修心性让心光长大，这个光才能够感应虚。

原典：圣人不仁，以百姓为刍狗。

——《道德经·第五章》

《注》：圣人法天地，仁于善人，不仁恶人。当王政煞恶，亦视之如刍狗也。是以人当积善功，其精神与天通。设欲侵害者，天即救之。庸庸之人皆是刍狗之徒耳，精神不能通天。所以者，譬如盗贼怀恶不敢见部史也。精气自然与天不亲，生死之际，天不知也。黄帝仁圣知后世意，故结刍草为狗，以置门户上。欲言后世门户皆刍狗之徒耳。人不解黄帝微意，空而效之，而恶心不改，可谓大恶也。

圣人、元神没有仁与不仁之分，他把光舍给众生，也是完全不在意的，不在意是否奉献了或者怎么样了，他没有那个概念。

"圣人法天地，仁于善人，不仁恶人。当王政煞恶，亦视之如刍狗也。"圣人也像天地一样，圣人是指元神这个光，喜欢纯阳的光，喜欢无知、无识的纯阳心灵。如果是邪恶的心，一身阴气，圣人的光也不愿意在那里停留。圣人、元神的光会符合当时的规则，比如说一年四季，春生夏长、秋收冬藏。秋天，草变黄了、变干了，该阴的时候就阴了，该死的时候就死了。"王政"不是讲王朝的政治；"当"讲的是恰当、合天时，秋天该是煞气，生机该变没了的时候就让它变没了，当下该怎么样就会怎么样。

"是以人当积善功，其精神与天通。设欲侵害者，天即救之。"是说人要积善成德，要有善的积累，善是魂，魂是光，善心是灵魂的心，灵魂是镜子一样的光，干干净净的，观照清楚分明，可以看穿一切。智慧具足，只感觉，没杂念。人的善心是这样的，人的自然心灵是这样的。人总是活在这样的心灵状态和自然状态之下，就会与天这个大自然相通。善功的积累，是自己心灵的光，帮助别人开悟，使别人的光成长、发挥出来。光是在舍后得的，舍的多得的就多，吸引天光的能力就强。对于当有危难出现，天光就会救他，也不要迷信地理解，这是说光付出了以后，天光自动就会补进来，好像永远是被天光保护一样。就像《西游记》里讲的，唐僧取经有日值功曹一直在虚空中护持，就是这个意思。

"庸庸之人皆是刍苟之徒耳，精神不能通天。"没开智慧的普通人、糊里糊涂的俗人，这些人的灵光就像败草一样黯淡无光，所以又怎能与天相通呢？老天的天光根本就无法亲近他们。为什么俗人的精神不能通天呢？"所以者，譬如盗贼怀恶不敢见部史也。精气自然与天不亲，生死之际，天不知也。"平庸的人灵光就像败草一样阴气重重，精神不能与天相通。就像盗贼心怀恶念，不敢光明正大，不敢见官，就像小偷不敢见警察一样。平庸的人阴气过重，通不了纯阳的天光，所以不能与老天亲近，根本不能通天，更无从谈起他没有多少光，老天的光会自动补充给他。这就是"生死之际，天不知也"的意思。

"黄帝仁圣知后世意，故结刍草为苟，以置门户上。欲言后世门户皆刍苟之徒耳。人不解黄帝微意，空而效之，而恶心不改，可谓大恶也。"黄帝是慈悲的圣人，知道后世的问题，在于一生都在动用人心、识神，灵光是黯淡无光的。所以扎了败草挂在门窗上，警示世人：你们如果不把识神退掉，不遵循自然大道的话，心灵之光就会像败草一样，没有任何生机，大道的能量根本不会靠近你。但是俗人不懂黄帝的深意，只是在形式上效仿，也弄个草扎的狗挂在门口，却根本不改识神强大的心，一生都在用识神，这是一个更大的阴气。"大恶"讲的就是更大的阴气。

天地之间就像大风箱一样，是虚的，越动越有。虽然是虚的，但是它有实用。

原典：天地之间，其犹橐籥。

——《道德经·第五章》

《注》：道气在间，清微不见。含血之类，莫不钦仰。愚者不信，故犹橐者冶工排橐。籥者，可吹竹，气动有声，不可见，故以为喻，以解愚心也。

道炁存于天地间，清和不可见。所有人的一点灵光都是道光所生，一点光是无形的，是很精微的。但是，生命之所以是活的，就是因为有这一点光，只要有这一点灵光的生命，不管是人、猫、狗，还是草、树，都会敬仰大道，都会认识生命的老祖宗。但多数人是不认识的，还不如动物、植物。大道是它的本源，是它生机的源泉。没有一个含灵生命是不喜欢大道的，这些生命都会感谢、崇拜大道。如果这个人是有光的人，小孩总愿意围着他转，总喜欢跟着他，总离不开他。一两岁的小孩不懂什么，但是小孩的灵光懂，哪里有母体的光，他就愿意待在那里。用拉风箱来比喻道是虚无的，虽然是虚，但有实用。不理解的人不相信，不知道虚的用处。吹奏竹制的乐器，气可以变成声音，但人却看不到它，用这个比喻，可以解开不知其中深意的人的心。

虚动而实出，多说不如守虚中。

原典：虚而不屈，动而愈出。多闻数穷，不如守中。

——《道德经·第五章》

《注》：清气不见，像如虚也，然呼吸不屈竭也，动之愈益出。多知浮

华，不知守道全身。寿尽数穷，数数，非一也，不如学生，守中和之道。

　　道是一种精微的清气，道是虚的、不可见的，但清气是永远用不完的。"动而愈出"是说在动的时候，比静的时候更能感受虚无的能量。比如胎息，它是永远不停的；比如元精发动，动静就会特别大，会有特别强烈的反应，就能够感知到无形的存在。

　　"多知浮华"，如果你有各种各样的知识，只不过是表面的皮毛，识神只晓得道的表面光彩，无知、无识，像小孩一样，一个成年人什么都不知道，脑袋空空如也，根本就不动脑子，心也不动一下，达到那种状态就是不知。不知是光已经凝定了，被道光定住了。所谓的全身，是成就自己的身。人的肉身有光在主宰活力，所以人有两个身，一个有形物质的肉身，一个无形物质的光晕身。所谓的全身就是把两个身都长好，二者皆完美，叫"不知守道全身"。

　　"寿尽数穷，数数，非一也"，肉身的寿数，假如说活到 100 岁或活到 150 岁，都是有限的，都是数得过来的，都不是无限的。人的寿命，不过是光的寿命，人生百年，讲的是光的寿命不过百年。神仙的光的寿命不过两千年，一百年和两千年都是有数的，但是德一之光是无限的。

　　"不如学生，守中和之道。"就像《西游记》里的孙悟空要学道，他问菩提祖师能长生吗？术、流、动、静八万四千法门，都不能得长生、得自然之光，所以他都不学。只有修心性一条路是大道，可以使人的光和自然之光一样永恒。"学生"就是学习生生不息之道，"守中和"就是回归阴阳混一的初心，中和之气、之光是回到初心才有的。

　　这一章讲虚用，就是用虚。首先是讲虚用，其次是讲无知守道，性命俱了。道是用虚的，别搞实了，实了就错了。它不是有形物质，而是无形物质，也叫非物质。

第六章　成象

成象指能量显象。

原典：谷神不死，是谓玄牝。

——《道德经·第六章》

《注》：谷者，欲也。精结为神，欲令神不死，当结精自守。牝者，地也。体性安，女像之，故不孥。男欲结精，心当像地似女，勿为事先。

道是阴阳合一的，是永远存在的，是一个玄妙的生生不息之门，叫玄牝。张道陵祖师把"谷"理解为欲望的"欲"。"精结为神"，如果想让神光不灭，就应当凝结自己的精气。精化气，气化神光，要神光长久，靠守住精气。光是精化的，不断地元精发动，不断地发电，精很充沛，光就会不断地化出来，光是靠人自己的"发电机"转化出来的。

牝是地，天是阳，地是阴。本体性光的安详，用女人比喻，心静不被牵引，凝定不妄动。男人要凝结精气，心要像大地一样凝定，要像女人一样沉静，来什么事再应对什么事，没事不要胡思乱想。大地比喻的是本性，本性在深度的静上，长期的宁静，叫体性安。女人是静的意思，男比天，女比地，男比阳动，女比阴静，能够定得住。"不孥"就是待得住，不被外缘干扰，外缘牵不动，就是本性；随着念头被牵跑了，就是人心。

"男欲结精，心当像地似女，勿为事先。"如果是男人的话，他要想守住精，守住自己的发电机，就要像女人一样的安静。"勿为事先"，是说人的感应、反应要随着能量动，没有能量就不要妄动，与能量不同步的反应是识神。

这个生殖之门，也可以叫作天地的根本。

原典：玄牝门，天地根。

——《道德经·第六章》

《注》：牝，地也，女像之。阴孔为门，死生之官也，最要，故名根。男荼亦名根。

阴阳合一的先天一炁，是道，是根本，老天的元气是阴阳合一的光。它就是根本，一切的生命都是因为有了阴阳合一的小光而生，一个人因为有了它就投胎来了，活了一生。玄牝之门是阴阳合一的根本，是天地的根本，也就是万物的根本。牝是地，就像女人一样。阴孔是地门，是生死的器官，生命就是从这里诞生的，所以它是要害，是根本，所以叫根。"荼"是白色的意思，男人的精气也是化光的根本。

"绵绵若存"形容这种道光、本源能量，似有若无，永远用不尽。

原典：绵绵若存。

——《道德经·第六章》

《注》：阴阳之道，以若结精为生，年以知命，当名自止。年少之时，虽有，当闲省之。绵绵者微也，从其微少，若少年则长存矣。今此乃为大害。道造之何？道重继祠，种类不绝。欲令合精产生，故教之。年少，微省，不绝，不教之勤力也。勤力之计出愚人之心耳，岂可怨道乎！上德之人，志操坚强，能不恋结产生，少时便绝，又善神早成。言此者道精也，故令天地无祠，龙无子，仙人无妻，玉女无夫，其大信也。

先天一炁是老天的元气，落入人身，变成真阴真阳。人的肾气是自身的元气，真阴真阳合一，才能重新接通先天一炁。一般的人都无法实现再次接通先天一炁，老天给的一点灵光到了50岁知天命的年纪，基本消耗殆尽。女人49岁绝经，先天一炁就用光了。要节约能化成光的精气，年少的时候就应该保精气，晚了就来不及了。一般人根本不懂，也不会自律，年少的时候应该将能量积蓄起来，不要浪费。年轻的时候精气和能量很强，如果没有节制，到中年就会患上各种各样的病，骨头也会出毛病。年轻的时候不知道节省，骨质就坏掉了。"绵绵"是微小的意思，如果少年时期就懂得积精累气，精气就能长存。精气是很精微的，现在大家都爱玩手机，小孩也玩手机，会把精气全给浪费了。耗掉的精气不仅是性能量的消耗，眼睛往外看、耳朵往外听都是消耗精气。消耗精气在东汉时期就已经是大害了，现在更是大害。这是道造成的吗？元气是超强的电感，元气有什么错。大道重视子嗣，使种类不灭绝，老天才会安排男女结婚合精，然后怀孕生子。

年少的时候，精气壮，稍微节省一点，保住精气，到50岁知天命之时也不会消耗殆尽。人的精气过早地枯竭，人为地消耗精气是蠢人的做法，岂能埋怨是道的过失。只能怨教的人、学的人都不懂其中的真义才会这样。自然的上德之人，有自然的高智慧，性地坚固，能自然地发动元精，所以他能不练即产生，不需要外在的刺激，年少的时候元精已经化成元神，精化气就已经把精化干净了，精化气、气化光，光已经化成了，达到这个境界，讲的是神光早成了。

"言此者道精也，故令天地无祸，龙无子，仙人无妻，玉女无夫，其大信也。"道的精华把人变成阴阳混一的中性人，可以让天地没有后嗣，龙无子，像仙人之妻、玉女之夫一样，有名无实，只不过是个摆设，根本就不用，因为有电无欲，有配偶也无所谓。这些可以大信，如果是真正的信道，就可以达到这样的状态。得道的人是中性人，男人女相，女人男相，柔弱和刚强集于一身。阴阳混一的中修成了，那是一级的生命体。人是二，中是一。

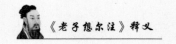

"用之不勤"就是用不完的意思，它的作用是无穷尽的。

原典：用之不勤。

——《道德经·第六章》

《注》：能用此道，应得仙寿，男女之事，不可不勤也。

能通此道，灵光可以活千万年，自身阴阳合一的事，一定会频繁发生。能够得大信、得大药，修成了中性，成为一个得道的人。"应得仙寿"，讲他的灵光寿命很长。男女之事，不是阴阳双修的房中术，说的是自身的阴阳，自身产的高生物电。自己的真阴和真阳合一，不断沉淀，使光不断地保养、生长。

这一章讲成象，讲四个层次：第一，光是来自阴阳合一的先天一炁。第二，先天一炁，是道的根本，也是人的根本。第三，上德之人，就是自然之人，性地坚固，他的本性很强大，所以可以自产元精。第四，自产元精的结果是神光仙寿，得无量寿、无量福。光所得的无量寿，同时就是无量福。

《西游记》里佛祖要传真经的时候，他就说金丹是无量寿、无量福，也就是一个人的人生，之所以说是一个有福气的人生，是因为他的光强大。如果一个人的光得了无量寿，他的福一定是无量的，生生世世，几百年、几千年都会是大富大贵之人。

第七章　韬光

"韬"是隐藏的意思，"韬光"讲光是隐藏不见的。天长地久的原因是他不自生，没有分别心，因无我而长生。

原典：天长地久。天地所以能长久者，以其不自生，故能长久。

——《道德经·第七章》

《注》：能法道，故能自生而长久也。

如果一个人效法道的特点，无我、无知、无欲，就能不断地自生高生物电，使自己的灵光长久。得了阴阳混一的金丹之道种，自身就会不断产电。只要活出了这种状态，肯定会不断地得到验证，这就叫"故能自生而长久"，会有无穷无尽的验证。

上一章说了，玄牝之门讲的就是阴阳合一、先天一炁。这是人的根本、天地的根本、万物的根本，这个根本你已经得了，玄牝之门已经开了，阴阳合一的先天一炁也已经得了，就可以效法道了，已经入了道门，无限的验证自然而然就能出来。

原典：是以圣人后其身而身先，外其身而身存。

——《道德经·第七章》

《注》：求长生者，不劳精思求财以养身，不以无功劫君取禄以荣身，不食五味以恣，衣弊履穿，不与俗争，即为后其身也。而目此得仙寿获福。在俗人先，即为身先。

太在乎肉身叫守尸魔，《西游记》里说的"三打白骨精"，白骨精抱着肉身不放，就是抱着尸魔。虚无的光能量才是长生体。抱着实的，就难得虚无的能量。求长生的人，不为追求物质耗神光，减少消耗以养身，不把光耗在争名夺利上，不追求虚荣。不会浪费很多的心思，把精气神都投身到功名利禄之中，去争夺一个荣誉，好让自己有光彩，其实它把你的精气神都消耗了，内在的真相是丧失了生命的光彩。千万不要这样浪费，要把精气神攒起来养肉身、养法身。不要吃五味放纵味觉、追求刺激，什么辣的、麻的、怪的，你会喜欢吃清淡的；穿的衣服很一般，不与俗人争，现在流行染怪异的发色，你根本没兴趣，这就叫"后其身"。不像世俗的人那样追求，光就得了无量寿，就得了更大的福，这是一辈子享不完的福，福气是光化出来的。心光得了无量寿，会有无量的福禄，就是老子说的"身先"。

因为无私吗？所以成就了真身之私。《道德经》的原文是无私。

原典：以其无尸，故能成其尸。

——《道德经·第七章》

《注》：不知长生之道。身皆尸行耳，非道所行，悉尸行也。道人所以得仙寿者，不行尸行，与俗别异，故能成其尸，令为仙士也。

普通人不懂得长生之道，因为身体内都是阴气在运行，没有道炁运行，思想和肉身都是阴气。尸行就是死气，就像活死人，虽然活着却是一个没有光、没有活气、没有道的纯阳之气的人。得道的人，心光和大道融为一体，身上没有阴气，体内不是死气在运行，与俗人完全不同，他们的身上是纯阳之光，所以能成就肉身、光化肉身，成为光很大的人，光很大的人称为仙。

这一章讲韬光，讲道是精微的、无形的物质，它是一种隐藏的光，你看不到，但可以体验到。第一，没有分别心，心归自然后，会不断地自我新生。第二，忘其身而身先。达到忘定，进入一种很深的定，光才能凝聚、成长、变化。第三，没有阴气，才能光化肉身，光可以把阴气的身体转阳，把阴气去掉。

第八章 易性

易是《易经》的易，易字上日下月，日月合一，讲的就是阴阳合一、先天一炁，本性能量的特点是阴阳合一的，所以叫易性。

原典：上善若水，水善利万物又不争。

——《道德经·第八章》

《注》：水善能柔弱，像道。去高就下，避实归虚，常润利万物，终不争，故欲令人法则之也。

阴阳混一的本性，就像水一样，上善若水，水善利万物而不争，处众人之所恶，故几于道。水是至善的，本性柔弱如水，就像道一样，离开高处去到低处，避开实的归于虚的地方。"水善利万物又不争"，说的是大道本性的特点，是要人来学的，人要学水的品格，总是滋养万物，但不与万物相争。人要养成一个好性子，性格柔顺，能随圆就方，包容接纳万物，就是活出了本性的样子。

原典：处众人之所恶，故几于道。

——《道德经·第八章》

《注》：水能受垢辱不洁之物，几像道也。

水能藏污纳垢，处在众人所厌恶的地方，所以和道很接近。水又能够包容万物，不嫌弃，几乎和道一样。

原典：居善地，心善渊，与善仁，言善信，政善治，事善能，动善时。

——《道德经·第八章》

《注》：水善得窟空，便居止为渊。渊，深也。人当法水，心常乐善仁。人当常相教为善，有诚信。人君理国，常当法道为政，则致治。人等当欲事师，当求善能知真道者，不当事耶伪伎巧，耶知骄奢也。人欲举动勿违道诫，不可得伤王气。

"居善地……动善时"，一连七个善，讲的是自然心灵元神的智慧。"居善地"讲道所处的地方生机盎然；"心善渊"讲心空净深广；"与善仁"指待人仁爱；"言善信"指说话诚恳；"政善治""事善能"讲的是用无心的正能量来治理，处理事情时恰到好处，天衣无缝；"动善时"讲夏散冬凝，不失天时。七个善讲的是元神天人合一的高智慧。不论在什么地方，不论在想什么，不论在做什么，元神所有的一切，都是和外边的事实恰好吻合，这是一种智慧，是一种高智慧！所以说本性能量先天一炁很柔弱，很有包容性。它还有一个特点就是高智慧，生活中发生的事和本性之光是一体的关系。如果一个人得了金丹，有了本性之光所含的高智慧，无论他在做什么，无论在任何的状态下，他都是完美的，都是深不可测的。这种状态不知道该如何解释，但就是特别奇妙，讲的就是这种高智慧。

"水善得窟空，便居止为渊。渊，深也。人当法水，心常乐善仁。人当常相教为善，有诚信。人君理国，常当法道为政，则致治。人等当欲事师，当求善能知真道者，不当事耶伪伎巧，耶知骄奢也。人欲举动勿违道诫，不可得伤王气。"水善于寻找低洼空虚之处，停留下来形成深渊，渊是深的意思。人应当效法水，内心常因慈悲而快乐。人应当互相告诫要做善事、守诚信。君王治理国家，效法道去行使权力，就可以达到大治。人们应当向老师求教，以得真道的人为师，不要向邪伪巧诈者求教，邪知的人骄横奢侈。人的行为，不要违背道诫，不要伤害兴旺之气。"不可得伤王气"的"王气"是旺气的意思，兴旺的旺。刚才我们看到五行的盛衰，老天的元气，它在什么时候是旺的，比如春天木是旺的，在春天的时候就不能砍树，此时树正是生机勃勃生长的时候，这时你把树给砍了，那就错了。不能伤旺气，因为这个旺气就是老天的生气，它体现的就是老天的元气，就是老天的天光。你在做事的时候，要以道的标准来衡量，这样做是不是违背天道的？春生、夏长、秋收、冬藏，这是老天的自然规律，也就是说要事善能、动善时。

原典：夫唯不争，故无尤。

——《道德经·第八章》

《注》：唯，独也。尤，大也。人独能仿水不争，终不遇大害。

因为不争，一切都会自然完美，也就不会有忧虑。如果人能够效仿水的不争，能够像水一样柔弱的话，就不会遇到大难，就不会有大的麻烦。

这一章讲易性，讲的是阴阳合一的本性的道理。第一个是至柔，善待万物不争；第二个是能忍，藏污纳垢的广大包容；第三个是七善，就是元神的大智慧。这就是本性的几个特点。

第九章　运夷

　　夷是平的意思，阴阳的中点是平衡点，这个平衡点里包含阴和阳，这就是阴阳一体的玄关。玄牝之门就是道，先天一炁是个阴阳混一体。就像一杆秤，中间是 0，道是 0，中间这个 0 包含了阴，也包含了阳，平是这样一个概念。第九章运夷，讲道之平的概念，道贵其平，它是平衡、和谐的，只有平衡和谐才是一。如果是歪的、偏阴偏阳的，都是不平衡。

　　比如说艾灸的时候，如果你只是在脊椎部位艾灸，阴气瞬间就会跑到肚子前面来，马上就会肚子疼。人体前面是任脉，是阴生的脉，后面是督脉，是阳生的脉，只灸后面，阴气就跑前面来了。如果前后同时艾灸，阴阳的力量平衡了，就是一。一是阴阳和谐的概念，阴阳是一体的，阴阳合一就是道，和谐是由平带来的。这一章讲的就是这个道理。运夷是一个阴阳平衡和谐的能量运动，它不是歪的，不偏左也不偏右，不偏阳也不偏阴，是中点，是把阴阳合在一起。道是这样运行的，所以叫运夷，也叫运平。

　　追求圆满不如在达到圆满前就停止，比如说用一个碗盛水，盛得满满的，水就会流出来，不如在水还没装满的时候就停止，停止了它还会往外溢吗？要掌握好这个度，捶击使锋芒尖锐，锋芒难以持久。如果这个东西太尖利了，就容易磨损，也就长久不了。

　　原典：持而满之，不若其已，揣而挩之，不可长宝。

——《道德经·第九章》

　　《注》：道，教人结精成神，今世间伪伎诈称道，托黄帝、玄女、龚子、容成之文相教，从女不施，思还精补脑。心神不一，失其所守，为揣挩不可长宝。若，如也，不如，直自然如也。

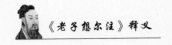

　　道，教导人结精成光，自身的精化成元气、化成光，道教导的是这个。但是歪理邪说教的是什么呢？假托黄帝的名义，假借玄女等人的言论来教授，搞所谓的阴阳双修。"从女不施"就是指御女不泄，瘾想精怎么跑到脑袋上来。人为的识神不是自然之光，揣摩多了宝贝反而丢了。老子说的"若"是如的意思，不如直接自然点就好了。只有全神贯注、无心的时候，光才能凝聚。人的光是由心守护的，如果心在想别的事，光就失去了守护。相反，心什么都不想、无念，就是在守着光。所以说，凡是那些歪理邪说，那些有为法，都会让人的心不守神光、心神不一、失去所守，这就是《道德经》里说的"揣挽不可长宝"，这样做都是错的，不如自然点就好了。什么男女、什么观想、什么念咒、什么法术，所有这些东西都是不自然的，都是用人的念头，消耗人的神光。只有自然，才能达到阴阳中和的平。凡是用人的意念去做事，都会失去道的平衡，失去自然。

　　金玉满堂，没人能守得住。

　　原典：金玉满堂，莫之能守。

　　　　　　　　　　　　　　　　　　　　——《道德经·第九章》

　　《注》：人之精气满藏中，苦无爱守之者。不肯自然闭心而揣挽之，即大迷矣。

　　人处在自然的时候老天就给能量，在那种什么都不想的自然状态，能量就会充满。但是很多人却不懂，没有守护老天给的光和元气，也不知道怎么守。只有无心、无念，才能守住老天给的东西，也就是说有了能量你应该赶快放弃所有的念头，这个能量就守住了。结果很多人都反过来，使劲在那儿胡思乱想，琢磨东琢磨西，把好东西彻底弄没了。所以"即大迷矣"，也就是太糊涂了，这就叫"金玉满堂，莫之能守"。

富贵而骄傲，就会自取耻辱。

原典：富贵而骄，自遗咎。

——《道德经·第九章》

《注》：精结成神，阳炁有余，务当自爱，闭心绝念，不可骄欺阴也。骄欺，咎即成。又外说秉权富贵而骄世，即有咎也。

凝聚的精气化成了光，这是纯阳之气，纯阳之气多了以后，闭心绝念就是自爱；胡思乱想是阴气，只要念头一起，纯阳的能量就变成阴气。所以"不可骄欺阴也"，就是说不要起念头，不可以骄傲欺凌弱者，如果骄横，凭着富贵而目空一切，就会酿成大错。"骄欺，咎即成"，就是说能量强了，不知道怎么守护，起了骄傲之心，念头起来了，念头一起，错误就造成了。能量与无心自然结合，能量就演变为好事。有能量了，动了后天意识强横的心，马上就会变成灾难，报应神速。有了能量不修心性，就会灾难连连。

成就了功名，光就耗完了，这是自然之道。

原典：名成功遂身退，天之道。

——《道德经·第九章》

《注》：名与功，身之仇。功名就，身即灭，故道诫之。范蠡乘舟去，道意谦信。不隐身形剥，是其效也。

成就功名利禄，是要以付出精气神为代价的。"身即灭"，指光就消耗了，所以道劝告人们，为生机而活，不为物质而活。范蠡乘船而去，成功了去隐居，是对道的真信。"不隐身形剥"，"身"指光，"形"指肉体。肉身有光，形体一定饱满、年轻，精神百倍。肉体黯淡无光了，就会无精打采。有没有光，相貌是不会骗人的，变漂亮了，变年轻了，就是有光的验证。得没得真，用美丽和年轻的状态验证。

这一章讲运夷，就是讲自然能量，是先天一炁、德一之光的运行，哪里有自然，道就在哪里运行。生活中充满自然，到处都是道的运行。

第十章　能为

能为，能做到吗？

魂魄阴阳合一，能无离乎，什么叫不离？只有玄关，阴阳合一的光，总在这里开合，只有它是永远在的。

原典：载营魄抱一能无离乎。

——《道德经·第十章》

《注》：魄，白也，故精白，与元同色。身为精车，精落故当载营之。神成气来，载营人身。欲全此功无离一。一者，道也。今在人身何许？守之云何？一不在人身也。诸附身者，悉世间常伪伎，非真道也。一在天地外，入在天地间，但往来人身中耳。都皮里悉是，非独一处。一散形为气，聚形为太上老君，常治昆仑。或言虚无，或言自然，或言无名，皆同一耳。今布道诚教人，守诚不违，即为守一矣。不行其诚，即为失一也。世间常伪伎，指五藏以名一。瞑目思想，欲从求福，非也，去生遂远矣。

"魄，白也，故精白，与元同色。"肝藏魂、肺藏魄、魄藏精。左青龙、右白虎，青龙是魂神的象，白虎是魄精的象，魄精是白色的，与本源同色。本源是先天一炁，先天一炁是透白色的小光。魄精的白色和先天一炁是一个颜色。

"身为精车，精落故当载营之。"人的肉身是承载精气的车，当精气落下来的时候，人的身体就要像车一样盛着精，比喻人如果感应到了老天的大药、老天的光，肉身就在运载着老天的元精、老天的光。

"神成气来，载营人身。"当老天的光来的时候，你体验到的是一种元气的感觉，元气是电感。气感来自人身，电感来自天光。老天的光降临的时候，浑身像被电了一样。金丹的神光成就了的人，老天的光像下雨一样不断地给你下电、给你元气。

"欲全此功无离一。一者，道也。"如果想保全这种功夫，想达到这个境界的话，离不开一。一是什么，一就是道。也就是说阴阳混一的先天一炁、大道能量，是元气电感，是道光。

"今在人身何许？守之云何？一不在人身也。诸附身者，悉世间常伪伎，非真道也。"一在人身体的哪里，怎么守呢？这个一是虚无的，你能够感受到它，但并不是有为法教的什么守心、守肾、守着某一个地方，那个东西就能来，错了！一根本不在人身上。那些附在人身上的是附体，根本不是真道。被附体的就是他自己的光被妖的光扣住了，《西游记》里唐僧变成老虎、孙悟空被扣进金铙，讲的都是附体，根本就不是道。所以说"诸附身者，悉世间常伪伎，非真道也"，都是世间常见的伪技，都是假的，一般人不懂，这跟道一点儿关系都没有。

"一在天地外，入在天地间，但往来人身中耳。都皮里悉是，非独一处。"道不是附体，附体总是赖在人身上不走的。道光是来往于天地间的，什么时候碰巧了就在你这里转一圈，什么时候你的心性到位了，就能够和它接通。如果它进到你的身体里，则无处不在，只要它来了，它不会只在一个位置，而是给你身上所有的细胞、所有的地方都推送光和元气。

"一散形为气，聚形为太上老君，常治昆仑。或言虚无，或言自然，或言无名，皆同一耳。"这种高光的能量散了就看不见了，聚则显化成一个穿着黄袍的白胡子老爷爷的形象，经常能在头顶看到，这里的昆仑指头。有了德一之光，顶光现了太上老君，元气的老祖宗的象。把这个光叫虚无、自然、无名，都指的是一。太上老君的红扇子、黄袍、白胡子，就是红、黄、白，讲的是人的精、气、神，它的原始状态是一个红色的光能量，然后变成了黄气，进入肉身以后，作为人的先天肾气又变成了白色，所以红、黄、白是人的精、气、神，人的生命本源的象，被概括为黄袍、白胡子和拿红扇子的老爷爷的形象，这个老爷爷是所有生命的祖宗。老君的象在人的心光里，人的心光长大了以后，心脏有不同的心光反应。老子中堂坐，是生命本源的老祖宗已经在你的心光上落地了，心光反应过去了，常聚昆仑，指有了顶光。心光已经凝聚成本源的形象。所谓的回归本源，就是这么回事。

《黄庭经》里说"赤帝黄老与我魂，三真扶胥共房津"，讲一个人的生命，一个人的光里有谁呢？第一位就是黄老君，第二位是人的心神，赤帝就是心神，黄老君就是太上老君，然后是人的魂，三魂七魄的三魂。也就是说心神、太上老君和三魂主宰着一个生命。每个生命的光里都有老祖宗在，然后是自己的光，叫元神，元神拿着一个红色的朱雀，它用来调动天地能量，它就是天地能量本身；三魂落在一个肉身上，肉身上有魂魄，魂是阳、魄是阴。所以太上老君、心神丹元和三魂，就是一个人的光的内涵，任何人的光都包含了这三个内容，这是生命之光的本源的象。

"今布道诫教人，守诫不违，即为守一矣。不行其诫，即为失一也。世间常伪伎，指五藏以名一。瞑目思想，欲从求福，非也，去生遂远矣。"如今告诉人们道的劝说，遵守道的教诲，按照道的规则做，你就守住了一。世间常见的伪技，把五脏说成一，瞑目观想，想从道里求福，这是错误的，会离长生越来越远。世间的歪理说五脏就是真一，或说闭着眼想就能想出真一，或说把真一想出来你就得福，这些都是错的，都离生生不息的真一远得很，所以根本就是骗人的。

专注先天一炁，能使人像婴儿一样无知无欲吗？小孩为什么有柔和之气呢？因为小孩没有思想，他不较劲儿，他没有理论，他不懂什么知乎者也，他没有乱七八糟的想法，小孩是一身的柔和之气。成年人要想有阴阳混一的至柔之气，就要向小孩学习。

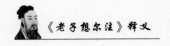

原典：专气致柔，能婴儿乎。

——《道德经·第十章》

《注》：婴儿无为，故合道，但不知自制。知稍生，故致老，谓欲为柔致气，法儿小时。

婴儿是无心、无为的，所以是合道的，他有一身柔和之气，但是小孩不知道节制，也会有比较过分的、不合道的地方。等他稍微长大一点，逐渐有了知识，柔和之气也就渐渐没了，变硬了，老化了，所以导致衰老。成年人要效仿小孩的那种无知无欲。"专气致柔，能婴儿乎"，就是说柔弱得气，要效法婴儿时的状态。

"涤除玄览，能无疵乎"，讲的是人看到玄境，能没有瑕疵吗？什么叫没有瑕疵，假如说你白天碰到一件事，晚上梦里看到一个玄象，说明它是你的一个意识的残留， 或者是一个潜意识的折射，这就叫瑕疵，是不真实的。假如说事前完全没有任何有形的东西出现，你只是在梦里看到玄象，这倒可能是真实的玄象，可能是一个高维度空间的高能量的显象。你要明白这到底是高能量的象，还是识神后天意识的折射，如果是识神的干扰那就不是真实的。

原典：涤除玄览，能无疵乎。

——《道德经·第十章》

《注》：人身像天地。览，广也。疵，恶也。非道所喜，当涤除一身，行必令无恶也。

人身就像天地一样。"览"是广大的意思。"疵"是恶，恶指阴气。阴气不是道所喜欢的，人当洗涤身心，言行一定纯阳，没有阴气。

能用无知、无为的方法来治理肉身吗？

原典：爱民治国而无知。

——《道德经·第十章》

《注》：人君欲爱民令寿考，治国令太平，当精心凿道意，教民皆令知道真，无令知伪道耶知也。

不管是个人修身，还是一个君王想爱护百姓使他们长寿，治理国家使天下太平，都应当精心悟道，让百姓了解真道，所有事情都会变得容易很多。不要让他们学习假道，假道会让人产生许多垃圾知识。"耶"是邪的意思，假道就是邪知。

"明"是光，"明白"就是光放出去的意思，"明白四达"就是向四周放光，散出去的光，是无为放出去的。光是一个纯阳的大慈悲之心，只要看到弱的、病的，它的慈悲心就动了，光自动就放出去了。光散多了，肉身会很难受。反思难受的原因，才明白是光消耗大了。假如有人说要伸手比画，还要怎么动，才能放光，这光就是假的，就是后天意识的阴气。

原典：明白四达而无为。

——《道德经·第十章》

《注》：上士心通，自多所知，知恶而弃，知善能行，勿敢为恶事也。

"上"指的是自然，"上士"指的就是自然得道的，是最高的。"自多

所知"指的是什么东西他自己就知道，心里自动就有一个声音，事情还没发生，自己就已经知道了。这就是自然得道的人，这就是无为法，太上无为法门就是最高的，最高的不用练，自然会来。也就是说得道的人，心灵相通，可以自生智慧，无所不知，了解阴气的、假的东西是错的，要抛弃它；知道纯阳的东西才能行道，不敢做阴暗的事。

天门的开阖是纯阳的光在出入吗？"天地开阖"讲的是玄关，雌是阴的意思，是看不见的、无形的，这里是说玄关开阖是无形的。玄关开阖是看不见的，看得见的都是假的。

原典：天地开阖而为雌。

——《道德经·第十章》

《注》：男女阴阳孔也。男当法地似女，前章已说矣。

男女是太极图的两个阴阳孔，男人应当效法女人的宁静，这点在之前已经说过了。男女阴阳孔不是指男女的生殖器，指的是太极图的两个阴阳眼，它是虚无的意思。太极图里有两个眼，阳的里面有一个阴眼，一只黑眼睛，阴的里面有一个阳眼，一只白眼睛，叫阴阳孔。真阴真阳合一了以后，任督二脉合成一个圆圈。人的阴脉、阳脉合成中脉，真阴真阳这对男女，太极图的阴眼和阳眼，手拉手不断地在人体里循环，讲的就是这个，而不是男人、女人，一看男女就想阴阳双修，邪心才会这样想。太极图上边的眼指天目，太极图下边的眼指肚脐天枢。两个眼都通了，中脉通，真阴真阳永远合一。

没有自我，对所生所养的不占有，对万物的抚育不需要回报。顺其自然地生长，不去主宰干涉，这叫玄妙的德性，是看不见的德，也就是先天一炁。

原典：生之畜之，生而不有，为而不恃，长而不宰，是谓玄德。

——《道德经·第十章》

《注》：玄，天也。常法道行如此，欲令人法也。

玄是天，天效法道的行持，老子想让世人也这样做。

这一章讲能为，能这样吗？第一是抱一，第二是婴儿，第三到第七是无疵、无知、无为、无雌、无我。自然就是如此，修道就是回归自然心灵。

第十一章　用无

虚和无是没用的吗？不，虚和无是最有用的。

车子由很多根车条向中间的轴汇聚，三十辐条组成一个毂，因为有了中空，车子才能转，才能有用处。

原典：卅辐共一毂，当其无，有车之用。

——《道德经·第十一章》

《注》：古未有车时，退然，道遣奚仲作之。愚者得车，贪利而已，不念行道，不觉道神。贤者见之，乃知道恩，默而自厉，重守道真也。

古代没有车，人们出行是很不方便的，"退然"是不方便的意思。于是大道派了一个名叫奚仲的人发明了车子。愚蠢的人得到了车子，贪图车子的用处，也就是贪图便利而已，他不知道这里是虚无的道在运行，他只能看到有形，看不到无形，不感念道的运行，不理解道的神奇。一个有智慧的人，他看见了这辆车子，他会感动，会感恩虚无的道，他会默默地勉励自己，严格遵守大道的教诲。也就是说他看到用就会想到体，会想到这个体的伟大，会很认真自律地修这个体，体修成了才有万用。

俗人图用而不在意体，很多修道的人也是这样，羡慕神通，追求的是末，是用，但他不知道怎样得这个体，所以很愚蠢。修体就是修心，而不是贪用。很多人是怀着一个后天识神，他也很好道，但是他贪功能、贪神通，怀着贪心在修道，这跟不修道的人是一个级别，都是识神，都是背道而驰的。

用黏土做器皿，因为有了中空才能用。

原典：埏埴为器，当其无，有器之用。

——《道德经·第十一章》

《注》：亦与车同说。

这一段话跟车子的解释一样，所以在此就不多说了。

开凿了门窗，因为有了中空，房子才有用处。

原典：凿户牖以为室，当其无，有室之用。

——《道德经·第十一章》

《注》：道使黄帝为之，亦与车同说。

大道让黄帝发明房屋，人们住在屋子里，有一个遮风挡雨的地方。但是这个房子如果没门、没窗，就不能成为一个家，就不能成为一间屋子，就没办法使用。这个说法和上面也一样，在此就不讲了。

有，给人带来了便利，但是因为无的作用，才有了利益。有用的东西，它只是一个方便，真正让这个东西有用的是那个无。有了无的存在，有了虚和空的存在，这个东西才有用。车子、器皿、房子都因为有空的、虚的、无的存在才能有用。

原典：有之以为利，无之以为用。

——《道德经·第十一章》

《注》：此三物本难作，非道不成。俗人得之，但贪其利，不知其元。贤者见之，还守其用。用道为本，贤愚之心，如南与北，万不同。此三之义指如是耳。今世间伪伎因缘真文设诈巧言。道有天毂，人身有毂，专炁为柔辐。辐指形为辖辖，又培胎练形，当如土为瓦时。又言道有户牖在人身中，皆耶伪不可用，用之者大迷矣。

人类历史上所出现的有用的东西，比如房子、车子和吃饭的碗，这些有用的东西都是道所发明的。我们自然遇到的东西，都是大道的安排。车子、陶器、门窗很难做出来，没有道就不会问世。俗人贪图其便利，不知道用的来源。有智慧的人、贤德的人知道用的来源，在用的时候他就想到了本体。用是末，道是本。贤人与蠢人的心南辕北辙，截然不同。这就是老子举出这三种东西的旨趣，今天世间的伪伎曲解老子的话，隐藏自己的奸诈。道像天一样有轴心，人体也有轴心，抟气像柔软的车辐。有的人说把身体想象为有车辐在转，把气守柔了以后你的轮子就转起来了；还有的人说，想象自己从胚胎烧制成型；还有的人说，人身上有道的门户。这些都是荒谬的言论，都是把无形说成有形，把虚无说成实在，都是假的，都是不可信的，信的人就会坠入迷途。

这一章讲用无，用车子、器皿、房子做比喻说明道是虚的。俗人是用实的，道是用虚的，强调的就是道用的虚无。

第十二章　检欲

"检"意为节俭、节约。

五色能令人眼瞎。

原典：五色令人目盲。

——《道德经·第十二章》

《注》：目光散故盲。

心光通过眼睛外现，耗光太过，光散掉了，眼睛就会难受，像是要看不见了。

五音能令人耳聋。

原典：五音令人耳聋。

——《道德经·第十二章》

《注》：非雅音也。郑卫之声，抗诤伤人，听过神去，故聋。

花里胡哨的音乐，不是古朴的声音，像郑卫之音，亢奋伤人。古代郑国、卫国打仗时候的噪声，那种狂躁的声音会伤人。人耳朵在听，肾开窍于耳，听那些噪声，会消耗肾气，神光就伤了，伤得厉害了耳朵就聋了。听、看、说、想等都是光的功能，没光就眼瞎耳聋了。闭六根，堵漏洞，堵漏光的漏洞。

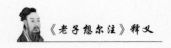

吃了各种各样的东西，嘴痛快了，口爽了，但却失去了味觉的本色。

原典：五味令人口爽。

——《道德经·第十二章》

《注》：道不食之。口爽者，糜烂生疮。

道喜欢平淡，不会追求美味，口爽的人嘴巴会糜烂生疮。简单平淡中有先天一炁的芬芳，人吃东西，心灵之光吃炁。元炁是纯阳之光，物质全是阴气。乱七八糟的味道是阴气，人过多地依赖物质，吃得很多，吃很刺激的味道，说明这个人的阴气还很重。人吃了阴气，神光挨了饿，纯阳之光没有吸收进来。饭是给人吃的，更是给神吃的，给心灵的光喂奶。"口爽者，糜烂生疮"，讲的是浓重的口味，摄入的都是腐败的阴气。

骑马在田野打猎，让人心狂不已。

原典：驰骋田猎，令人心发狂。

——《道德经·第十二章》

《注》：心不念正，但念煞无罪之兽，当得不得，故狂。

人在打猎的时候，精神都绷得紧紧的，处于那种千钧一发的极端状态，在那种状态下，人的心念很不正常。他越是想打到动物，越是紧张，越紧张越打不着。因为动物是一个灵的状态、元神的状态，人心斗不过元神。正是因为心念不正，一味想猎杀无辜的动物，应当得到的也不会得到，人就容易变得癫狂。人应该去掉这种过分的欲望，去掉这种歇斯底里的状态。平常、正常是道，非正常是违背自然之道的。

"难得之货"，引起贪欲。"行妨"就是引起贪欲的意思，一个好东西，会引起人贪婪的占有欲。

原典：难得之货，令人行妨。

——《道德经·第十二章》

《注》：道所不欲也，行道致生，不致货，货有为，乃致货妨道矣。

行道奔向的目标是生机之源，是长生，不是物质，道不会有物质的追求。所以，凡是抱着那种追求物质想法的人肯定得不了道。物质是有形的，有形的是障道的，执着一个有形的，无形的道的运作就被阻碍了。所以要放下，元神就是道，人的自然心灵元神，像时间一样一直前行，一直在新生，生生不息。要跟上心灵的脚步，过去不留，元神喜新厌旧，过了就觉得不新鲜，没意思了。只有创新的过程才有意思，已经创造出来的东西，是道化生出来的，已经不重要了，过去就忘了，元神不会在物质上停留。

腹部是投胎时一点灵光的落脚点，是先天元气所在，先天元气的老祖宗就是老天的元气，这才是生机之本源，在本源上下功夫，重新得先天一炁，化出心灵之光，通过眼神里的光外显。"为腹不为目"，讲的是不要本末倒置。"去彼取此"，讲元神守精收神，去掉后天的五，回归先天的一。

原典：是以圣人为腹不为目，故去彼取此。

——《道德经·第十二章》

《注》：腹与目，前章以说矣。去彼恶行，取此道诚也。

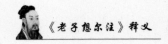

　　腹与目在前章已经说了，要为腹不为目。在光的来源上下功夫，而不是通过眼睛弄光、耗光。人为的观想等都是本末倒置，这是道的劝告。多少假佛假道都是为目不为腹，把自己的肾气掏空了，变成了抑郁症患者。

　　这一章讲检欲。第一，五色令人目盲，讲的是眼，眼光是心光的窗户；第二，五音令人耳聋，耳朵对着肾；第三，口爽讲的就是口，口对着心；第四，打猎是一个疯狂的心灵状态，不能有；第五，贪欲，对物质有贪欲，要戒掉；第六，实其腹。要想得道，这六个欲望一定要去掉，节省这六个欲望，人的精气才能够节省。

第十三章　厌耻

厌耻意为讨厌侮辱。元神的光特别怕羞辱，别管好事坏事，只要有事，神就容易受惊，晚上睡不着觉，好事睡不着觉，坏事也睡不着觉，因为神光受到了惊吓，神光是喜欢静的。不清静就打扰到它了。

受宠、受辱都会惊扰神光的安宁，怕大的麻烦靠近。

原典：宠辱若惊，贵大患若身。

——《道德经·第十三章》

《注》：道不熹强求尊贵，有宠则有辱。若，如也。得之，当如惊，不熹也。若者，谓彼人也。必违道求荣，患归若身矣。

道不喜欢尊贵，有宠就有辱，无论受宠还是受辱，神光都会受惊、受伤。所以不要着意宠辱，要躲开宠辱，荣辱跟我一点儿关系也没有，能做到这样，神光不受惊吓，神光就不散。如果看不破名利，去背道求荣，大患就会降临，一定会有麻烦和灾难。

什么叫宠辱若惊？宠是吹捧，辱是贬低，得了宠辱和失去宠辱，都会惊着神的安宁。受宠、受辱都是后天识神带来的阴气，对于纯阳的光来说，它只要先天的东西，先天的东西就是安静，它只要安静，只要安详，只要深度的静，不需要外边这些事情的牵扯。

原典：何谓宠辱为下，得之若惊，失之若惊，是谓宠辱若惊。何谓贵大患若身。

——《道德经·第十三章》

《注》：为下者，贪宠之人，计之下者耳，非道所贵也。

对于心光来说，宠辱是一种轻贱，光是很尊贵的，后天的假的东西，是很低贱且没有价值的。贪宠之人是名利之徒，不知道光有多尊贵，所以叫为下者。贪宠的人，智慧低下，不是道所看重的。

因为有身体，如果没有肉身，还有什么忧患？光是自由自在的真我，光被囚禁在肉身里，肉身有很多的麻烦，热了、冷了、困了、饿了，消耗了很多真我心光的能量。出差要坐火车、乘飞机，光一念就到了。所以说肉身是一个大患，对于有光的人来说，肉身就是患，如果没有肉身，就没有这些麻烦了。

原典：吾所以有大患，为我有身。及我无身，吾有何患。

——《道德经·第十三章》

《注》：吾，道也。我者，吾同。道至尊，常畏患不敢求荣。思欲损身，彼贪宠之人，身岂能胜道乎！为身而违诫，非也。吾、我，道也。志欲无身，但欲养神耳。欲令人自法，故云之。

吾是道的意思。我和吾是同一个意思。道是至高无上的，经常畏惧大患临身，不敢追求尊荣。也就是说从根上规避宠辱，没有荣誉就不会受污辱。贪欲损伤身体，那些贪宠的人，那些动着心思往上爬，绞尽脑汁获得一个头衔、一个荣誉的人，肉身充满了阴气，他的身体难道比道还高一筹吗？那不可能啊！作为身体，违背了道诫就错了。吾、我都是道。修道的人，没有杂念，忘我无为，连身体都要忘记，更不在意得一个什么称号，他只是保养神光。老子告诉你，你能够符合道的要求，你能保养神光，就可以自生智慧，得到无限的能量的验证和智慧的验证。

所以，难得的是以身为天下。

原典：故贵以身于天下。

——《道德经·第十三章》

《注》：若者，谓彼有身贪宠之人，若以贪宠有身，不可讬天下之号也。所以者，此人但知贪宠有身，必欲好衣美食，广宫室，高台榭，积珍宝，则有为。令百姓劳弊，故不可令为天子也。设如道意，有身不爱，不求荣好，不奢侈饮食，常弊薄赢行，有天下，必无为。守朴素，合道意矣。人但当保身，不当爱身，何谓也？奉道诫，积善成功，积精成神，神成仙寿，以此为身宝矣。贪荣宠，劳精思以求财，美食以恣身，此为爱身者也，不合于道也。

若是如果的意思。如果贪宠的名利之徒是看重肉身的人，心光就不可以寄托天下。天下大道姓公，是无私无我的共性，光没有自私的心，该怎么样就会自动怎么样，为众生服务。假如一个人贪宠看重肉身，一定会喜欢锦衣玉食，住大的宫殿，建高的亭台，积累珍宝，这样必定会有为地做很多事，一定会追求物质的东西，为此付出很多的精气神，这种人不能做天子。这里的天子不是指皇帝，而是指金丹，金丹是老天的孩子，是老天派来为共同体承担责任作贡献的。如果是道的意思，有肉身不在意，没有荣辱心，不追求表面的光彩，饮食不奢侈，时刻俭朴苦行，有这种品德的人，心光才能承担共同体的重任。"有天下"就是说他的光一定能够讬天下之号，号是一个信息，

或者说是一个智慧信号，只有这样的人，他才能够承担这个责任，承担这个共性的使命。

有天下指开了玄关的人，必须无为，守朴素，合道意。人应当保护藏精的身体，因为人的身体是一辆承载精气神的车子，没有精支撑不了光，所以要保护身体，但是又不要太在意肉身，太在意肉身就会变成尸魔，所以既要保护肉身又要忘记肉身。要遵守道的劝告，遵守道的教诲。"积善功"讲的就是心光不断地去奉献。积善功就是付出，你付出得越多，你的光长得就越大。精化气、气化神，积精成光，光大寿命就长。"神成仙寿"讲的是光大了，光的寿命就很长。光是物理能量，是光物质，它有无量寿，这是人身至宝。贪名求利，贪图享受，劳精思以求财、美食以恣身的，都是执着于肉身，都是不合道的。

喜欢以身为天下，光蕴身寄托在万物中，因此而长生无咎。

原典：爱以身为天下，若可寄天下。

——《道德经·第十三章》

《注》：与上同义。

这一句跟刚才讲的意思是一样的，寄天下就是长寄于天下，光蕴身寄托在万物中，因此而长生。寄天下讲的是大用，光是有大用的，它就像一个孵化器一样，可以产生很大的作用。但是如果一个人有私心，没到忘境，他的光不是合格的。

这一章讲厌耻。第一，荣辱都惊神光；第二，忘身；第三，光蕴身寄天下的前提。《道德经》讲的是人的心灵之光，光的思维是一个真思维。

第十四章　赞玄

大道是无形的，是玄妙的。

看不见叫夷，听不见叫希，抓不着叫微。

原典：视之不见，名曰夷；听之不闻，名曰希；博之不得，名曰微。

——《道德经·第十四章》

《注》：夷者，平且广；希者，大度形；微者，道炁清；此三事欲叹道之德美耳。

夷是平坦而广阔的意思，希是广大寂静无形的意思，微形容道炁清澄，就用这三种状态来感叹道的德行之美。

这三者不可推究，所以混而为一。将三个割裂开不合适，不如把它混成一个来说。

原典：此三者不可致诘，故混而为一。

——《道德经·第十四章》

《注》：此三者淳说道之美。道者天下万事之本，诘之者所况多，竹素不能胜载也，故还归一。多者何？伤朴散淳，薄更入耶，故不可诘也。

夷、希、微三者淳朴地说出了道之美。道是天下万物的根本，研究道的人很多，比喻也很多，用再多的竹简也刻不下这些研究的理论，太多了没用，你只要懂"一"就行了，故还归一。道就是一，那多是什么呢？多伤害了本朴，本朴就像一个人的自然状态，原始的自然状态被打破了，就散掉了淳厚。比如，说教了一大堆的知识，教人这么有心眼、那么有技巧，本朴破了，淳厚散了，邪的东西就来了，浅薄者就会入邪，不能了解真道。所以说不要知道这些东西，多知会伤害根本。人之大朴，自然本性，因为过多的后天意识，把先天的心灵伤着了，所以说只要学会"一"就行了。自然心灵是智慧的源泉，多知多见反而让人越来越笨。

皦就是光，是道炁，它往上你也看不见光，它往下你也听不到声。

原典：其上不皦，其下不忽。

——《道德经·第十四章》

《注》：道炁常上下，经营天地内外，所以不见，清微故也。上则不皦，下则不忽，忽有声也。

皦意为明亮，道炁常常上下不定，活动于天地外，因为它是一个很精微的无形的能量，所以看不见。道炁上升不见其光，下降不闻其声，忽是声音的意思。

蝇蝇无穷极，行动无穷极，叫不出名字，又归于虚无。

原典：蝇蝇不可名，复归于无物。

——《道德经·第十四章》

《注》：道如是，不可见名，如无所有也。

道就是这样，不可名状，是一个无穷无尽的东西，又好像不存在一样。它就是一个虚的，实在不了。虽看不见摸不着，但你又能有实实在在的体验。

道是没有形状的，没有形状就是它的形状，没有象就是它的象，就称它为恍惚吧。

原典：是无状之状，无物之象。

——《道德经·第十四章》

《注》：道至尊，微而隐，无状貌形象也。但可从其诫，不可见知也。今世间伪伎指形名道，令有服色名字、状貌、长短非也。悉耶伪耳。

道至高无上又精微无形，它没有形象，看不见也摸不着。你只可以听道的教诲，不可以用后天的大脑和知识见到它。你说我现在听了知识，就能够体验道了，不对！有后天的知识见不了道。但是如今世间的伪技，也就是假道，都把它说成是有形的，还说它穿什么样的衣服，叫什么名字，长什么样子，多高多矮，全是胡言乱语。

因为无行迹，不可得而见。

原典：是谓惚恍，迎不见其首，随不见其后。

——《道德经·第十四章》

《注》：道明不可见知，无形象也。

道是无形的，无形就不存在吗？不是。当你去掉知识，当你处于一种阴阳混一的混沌状态的时候，你就能够感受，但这个感受是瞬间的。比如，你看到一道光"唰"一下就过去了，这就叫迎之不见其首，随之不见其后。你想再看就没有了，动了识神就没有了。恍惚就是阴阳混一的那种元神状态，那种恍惚的状态，就是阴阳混一，要睡着又没睡着、要醒又迷糊了的那种状态，处于这种状态的时候就是元神识神的中点，在那种状态下，你就能够看得见道光。一闪而过，见首不见尾，再想看就找不到了。道光不可以识见，你如果有这样一个框死的知识，说什么东西就是道，那就错了，因为道是没有形象的。

用万年的古道，治理今天的万物，能知道初心元神的古始，就是掌握了道的纲纪。也就是说你懂得了初心先天一炁，就知道古今是怎么回事，大道是怎么用的，你就明白了一切。

原典：执古之道，以御今之有。以故古始，是谓道纪。

——《道德经·第十四章》

《注》：何以知此道今端有，观古得仙寿者，悉行之以得，知今俗有不绝也。能以古仙寿若喻，今自勉厉守道真，即得道纲纪也。

道是看不见摸不着的，那怎么见道呢？观察古代得道的人，许多人体验了道，得了无量寿。这些得道的古人，把他得道的经验写出来，后人一看，发现自己怎么跟他说的一样呢，就明白了真道是怎么回事。发现道就在生活中，从来没有断代和失传过。老子用古代得长生的人作比喻，是勉励现在的人坚守道真，这样就得到了道的要领。道的要领是什么呢？道从来没有断过，关键看你的真信出来没有，真信出来的话你就得着了，真信不出来就得不着。第一，你有没有遇到真道；第二，遇到了真道你能不能抱住它，一心一意地去钻研、去深入，你能不能做到真信，这就是道的要领，真信就是要害。

　　这一章讲赞玄。第一，道无形；第二，道就是一；第三，道无穷；第四，道无象；第五，道是体验的。这一章赞美道的玄妙，并且说道从来没断过，一直都在，关键看人信得真不真，真信就是要害。

第十五章　显德

德是光，显德就是显示光的状态。

得道的高人，能探微、究妙、悟玄，有形无形世界全清楚，俗人很难了解，所以说深不可识。

原典：古之善为士者，微妙玄通，深不可识。

——《道德经·第十五章》

《注》：玄，天也。古之仙士，能守信微妙，与天相通。人行道奉诚，微气归之，为气渊渊深也，故不可识也。

谨小慎微是神光的状态，漫不经心、大大咧咧是后天意识的状态，后一种状态下神是昏的，是觉察不到无形的。神光像一面镜子，能照清楚一切。玄是天，天是自然的意思。古代得道的人，能感受道的微妙。道的能量是很轻的精微之气，但是它里面是有信息的，得道的人心灵缜密得就像有无数双眼睛和无数双手，能够捕捉到很精微的能量和信息，能够根据信息顺其自然地做，所以能与天相通，与大自然相通。没有得道的人，看到什么信息都没反应，感受不到精微的能量，所以不能与天相通。没有得道的人，就要像得道的人那样守道诚，按照《道德经》里说的这些规则去做，才能与道为一地行道，精微的道炁能量自然会跟你连接，自然归身。道炁的运行，渊默深邃，所以不是识神能懂的。

学道要像孙悟空，要问是真道吗？不是真道就不学。孙悟空问："能得长生吗？不能长生的不学。"我很快就离开假道，自己读道书，读尹喜、庄子、列子这些得道高人的著作。他们说什么我百分之百地相信，不折不扣地照做，后来不断地验证，越验证越高级！最初还有个"心"，要帮助人的心，后来看到吕祖在《太乙精华宗旨》里说的：你不要有这个想法，有这个想法就被限制住了，你什么都不想，不想能不能做到，根本就不动念。我听了吕祖的话，根本就不想，坚决不动念，结果后来产生的效果就更玄妙了。

一个没得道的人，要好好地听一个得道了的人说话，他说什么你百分之百相信，这就厉害了，你只要信就能够得，但你半信半疑还老提出疑问，你本朴的信没出来，谦虚的信没出来，没出来就没用；像傻子一样，傻透了那个信，那就是本朴的信，就是谦信、大信、德信，就是最高级的信，真信出来了，以信为先，你还挑剔，还有保留，就不行。所以祖师说"人行道奉诫，微气归之，为气渊渊深也，故不可识也"，人家都是那样的信，你这个信没到位，你要真正的信到位了，精微的道气、元气肯定就来了。

因为不可识，勉强来形容。道真是太深奥、太玄妙了，谁也不能将它具象，只能勉强来形容它的样子。

原典：夫唯不可识，故强为之容。

——《道德经·第十五章》

《注》：唯，独也。容，形状也。独行道，德备渊深。不知当名之云何，强名之善为士者，道美大之也。

唯是独的意思，容是形状的意思。勉强来形容道是什么形状呢？"独行道，德备深渊。"道是这样的：当你一个人远离人群独处时，不用动思维，无心守静，你在深深入静的时候，就能够感觉到道的存在，才会精神与道合一，无心守静就能积累深厚的德一能量。德是光，拥有了道光的人，可以跨越时空；道光深厚的人，行道才能圆满。行道要靠很大的德性，只有德一之光足够的人，才能够有一种元神的高智慧，才能够操纵、驾驭很大的事情，而德不配位的人，光不够、智慧也不够的人就不行，很容易摔跟头。善于行道的人，或者说一个得道的人，他的行为能够体验道的大美，这样的人不知道怎么称呼他，勉强称之为"善为士者"吧，他是体验了道的无限玄妙的人。

德一之光的状态，谨慎地像冬天过河，如履薄冰；小心翼翼生怕打扰了邻居，恭敬地犹如登门的客人，不敢放肆，这就是神的状态。

原典：豫若冬涉川，犹若畏四邻，俨若客。

——《道德经·第十五章》

《注》：冬涉川者，恐惧也；畏四邻，不敢为非，恐邻里知也。尊道奉诚之人，犹豫行止之间，常当畏敬如此。谦不敢犯恶，若客坐主人堂也。

"豫"意为谨慎，"犹"意为小心。我查阅了注解《老子想尔注》的两个版本（指两个现代版本，此处不赘述），都将豫解释为行为犹豫，这是不对的，这里的豫不是犹豫而是小心谨慎的意思。冬涉川是恐惧；畏四邻是不敢做错事，恐怕邻里知道。遵守道诚的人，行为举止谨慎小心，时刻怀有敬畏之心。谦逊地不敢触发阴气，恭敬地犹如登门的客人。

消散，像冰遇热消融一般。就是太阳一照，冰就化了这样一个比喻。汋，激水的声音。

原典：散若冰将汋。

——《道德经·第十五章》

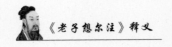

《注》：情欲思虑怒熹恶事，道不所欲，心欲规之，便即制止解散，令如冰见日散汋。

七情六欲都是道所不喜欢的，涉及七情六欲的念头，要劝自己马上止念，把错的念头遣散掉。怎么遣散呢？简单得就像太阳照冰一样"唰"地就把它融化了。如果对错误的东西不坚决制止，拖泥带水的，明明知道错了，还容忍错的存在，那道就没有了，就停止了，就行不了道。抱着过去学的假道，觉得那些也对，心里抱着假的不能真正放下，就被淘汰了，道不藏奸，有假的，真的就不给你了。假的就是阴气，有阴气得不着道。就像金字塔尖一样，越往上走人越少，是因为真正能够符合道的教诲、把假的都放下的人太少了，总是抱着假的、总是拖泥带水的人太多了。

混混沌沌的淳厚如大朴未散，空旷得像山谷，浑然好像含浊。

原典：混若朴，旷若谷。

——《道德经·第十五章》

《注》：勉信道真，弃耶知守本朴，无他思虑。心中旷旷但信道，如谷冰之志，东流不欲归海也。

勉励自己要信真的，把假的扔掉，要回归本朴，没有思虑，脑子里什么也不想。心中是空空的，只有道没有别的。就像山谷里的冰河一样，它融化之后只有一个目标，就是向东奔流到大海。你如果含含糊糊的，假的不想扔，真的又抱不住，因为心有两个目标，就不行，所谓道不藏奸，你想藏一个假的，道肯定不让，只能有一个真的目标。道是靠人的一心专注运行的，全心全意还不够，半心半意更不行了。

谁能用静慢慢使浊变清。

原典：肫若浊。浊以静之徐清。

——《道德经·第十五章》

《注》：肫：诚恳。求生之人，与不谢，夺不恨，不随俗转移。真思志道，学知清静，意当如痴浊也。以能痴浊，朴且欲就矣，然后清静能睹众微。内自清明，不欲于俗，清静大要，道微所乐。天地湛然，则云起露吐，万物滋润；迅雷风趣，则汉燥物疼，道气隐藏，常不周处。人法天地，故不得燥处。常清静为务，晨暮露上下，人身气亦布至。师设晨暮，清静为大要。故虽天地有失，为人为诚，辄能自反，还归道素。人德不及，若其有失，遂去不顾，致当自约持也。

"肫：诚恳。求生之人，与不谢，夺不恨，不随俗转移。"肫是诚恳的意思，求长生的人特别诚恳，给予别人不图回报，被人夺去也不生怨恨，完全没脾气，不会随着世俗外缘动心，俗人认为的怎么好、怎么坏，我根本不在乎。

"真思志道，学知清静，意当如痴浊也。以能痴浊，朴且欲就矣，然后清静能睹众微。"诚心向道的人，只是把清静学到手了，真正能够喜欢清静，清静一天、清静一周、清静一辈子，其他东西都视为粪土，根本不当回事。能这样的痴傻无意识，就离本朴近了。比如，天都热了我还穿着冬天的衣服，因为忙根本不会去想，结果给捂出火来了，脑子根本不想事，糊里糊涂的，这就是达到了本朴。所以说一个人如果不傻，还非常聪明，还有这样的心思那样的算计，离本朴就差得远着呢。本朴就是初心大道，就是自然之心。能清静痴傻到接近本朴，就能观察到万事万物的微妙之处。比如说一棵树在说话，一只小狗、一只小猫在生气，你都能看出来。比如，这只小猫平时很正常，某天突然到处乱撒尿，你就明白了，这是它生气了，它在报复。当你能够本朴的时候，就能够看到所有这些有形无形的生命的状态。

"内自清明，不欲于俗，清静大要，道微所乐。"一般的人因为没有达到朴，他就算静下来也感受不到这种微妙。内心自然清明的人，不愿意和人打交道，外边人爱说什么说什么，根本就不听、不当回事、不往心里去，清静是大要。刚才我们说了大要是真信，是谦虚的信，是虔诚的信，那是一个要害，现在又说另一个要害，就是清静，清静能够通万物，在清静中领悟道的精微是大乐。至虚极，守静笃，真正的笃就是深静，达到了一个很深的静就可以通万物，观察到万物之精微。

"天地湛然，则云起露吐，万物滋润；迅雷风趣，则汉燥物疼，道气隐藏，常不周处。人法天地，故不得燥处。常清静为务，晨暮露上下，人身气亦布至。"天地安静的时候，云起露吐，万物得到滋养。天地不安静的时候，刮风打雷，所有的东西都感觉在疼，为什么呢？天地不安静、不正常，天地乱了，万物就得不到滋养，道气隐藏起来，很多地方、很多生命得不到道的抚育。所以说，人要效法天地，要静不要躁动，把清静当成自己的本分。你看天清地宁的时候，植物的叶片上早晚都会有露珠，实际上就是有天光的滋养，人也跟植物一样，人身也会有道气流布。

"师设晨暮，清静为大要。故虽天地有失，为人为诫，辄能自反，还归道素。人德不及，若其有失，遂去不顾，致当自约持也。"元气的祖师设置了早晨、晚上，清静是第一重要的。你看一年有三百六十五天、二十四节气，一个星期有七天，一天有白天、黑夜。这些都是谁设置的？都是原始祖气设置的，也就是元气的老祖宗设置的。所以说清静为大要，修道如果不得清静，就没得道，得道的人一定是一个非常清静、非常简单、可以深度入静的人。所以，虽然天地有不正常的时候，但如果有人能守清静的道诫，使不清静自动返回清静，归于道的本朴，天地的不正常也会归于正常。自然灾害是什么？是安静的人太少了，躁乱的状态太厉害了，天都翻车了，如果人能深度的静，就能够让自然灾害停止，回归正常。但若人的德性不够，人的道光德能不够，就起不到转化的作用，想要反转态势、停止灾害是不可能的。所以人不要放纵，应当严格约束自己。

谁能安住于久动的玄关，看神光慢慢长大。什么东西是永远在动、慢慢在生的？玄关里的光，只有玄关，只有阴阳合一的玄关是这样的。它是永远在动，然后慢慢的光就长大了。

原典：安以动之徐生。

——《道德经·第十五章》

《注》：人欲举事，先考之道诚。安思其义不犯道，乃徐施之，生道不去。

人要做什么事，要先守道之诚。你想做什么事的时候，你先对照一下，这个符不符合道的原则，静下心来想一想是不是违背了道的劝说，想清楚了再慢慢去做。不是说一个人修道就什么都不干了，整天坐在那儿就是修道，道在生活中，动中能静才是真静。

出书改稿很累，身体不适。但是，之后身体就自动扎电针，"恍"的一下起火，自然之光，自动来调整肉身。所以说"乃徐施之，生道不去"，符合道的规则，生生不息的道是不会离开你的。当你真正放松下来、静下来了以后，大道能量就会自我恢复、自我医治。

保持"道"的人，不追求盈满。因为不盈满，所以能够去旧更新。道是一个永远虚怀若谷的状态，正是因为这样的状态，它才能够不断地更新。

原典：保此道者不欲盈。夫唯不盈，能辞复成。

——《道德经·第十五章》

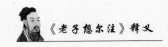

　　《注》：不欲志意盈溢，思念恶事也。尸死为弊，尸生为成。独能守道不盈溢，故能改弊为成耳。

　　不要让人的心智太满了，说我一定要这样，一定要那样，念头、意识这些东西都是阴气，要把阴气去掉。尸指的是阴气，肉身得到阴气就向死，肉身得到阳气就向长生。如果能管住识神，守道不离，就能变死为生，识神是元气的杀手。

　　这一章讲显德，就是光的状态：第一是深不可视；第二是若朴、若浊；第三是玄关永动；第四是管住识神、道不离身。一讲到神的状态，你最深刻的印象就有如走道如履薄冰、说话声音放小怕影响邻居等。这一章说的是神光的状态，是很静、很精微的状态，可以捕捉所有的无形生命，像电视接收器一样，能够接收到所有的信息。

第十六章　归根

到达极度的虚，深度的静，就可以归道。

原典：致虚极，守静笃。

——《道德经·第十六章》

《注》：道真自有常度，人不能明之，必复企暮，世间常伪伎，因出教授，指形名道，令有处所，服色长短有分数，而思想之。苦极无福报，此虚诈耳。强欲令虚诈为真，甚极。不如守静自笃也。

"道真自有常度，人不能明之，必复企暮"，讲的是大道有一定的规律和规则，但是俗人不懂，不知道这个规则，才会很羡慕。"世间常伪伎，因出教授，指形名道，令有处所，服色长短有分数，而思想之"，讲的是假道投其所好，加以诱导，因为全都是假的，全是错的。道是无形的，但假道都将它说成有形的，指形名道。道是无处不在的，但假道说道就在某一个地方，穿什么样的衣服，然后让你观想这些东西。"苦极无福报，此虚诈耳"，讲的是假道让你苦思苦想到了极点，想破了头也是假的，也没有天福。"强欲令虚诈为真，甚极"，讲的是想强迫地将假道变出真的效果来，真是愚蠢到了极点。"不如守静自笃也"，讲的是你守住清静，守很深的静，道自然就来了。不要听歪理邪说，自己清静就行了，清静就可以归道，就可以归根。清静的程度够深，就能归道，就能体验道的真实存在。

万物都在生长，我观察到了其生机的恢复。植物从茂盛到枯萎，各自回到了起点。

原典：万物并作，吾以观其复。夫物云云，各归其根。

——《道德经·第十六章》

《注》：**万物含道精，并作，初生起时也。吾，道也。观其精复时，皆归其根，故令人宝慎根也。**

"万物含道精，并作，初生起时也。"讲的是万物都含着先天一炁的生机活力，叫万物含道精，就是一点灵光，初心本性，就是人的根。光是人的根本，因为有了这个东西，所以万物才能生。"吾，道也。"讲的是一点灵光这个真我，就是道光的一个小粒子。真我就是光，就是生生不息的道光，是令万物生的初始能量。

"观其精复时，皆归其根"，讲的是观察元精的恢复，元精的再次萌发，都是因为它归了根，如果不归根的话，元精就不发动。归根是什么？是本性初心。因为你达到了初心本性，你的脑电波达到了深度的平静，然后元精就重新萌生了。元精能够再次产生，是因为人的心归于了本性这个根，也就是"故令人宝慎根也"。所以让人们谨慎地爱护自己的初心，初心是聚宝盆，是人最大的宝贝，谨慎地呵护自己的宝贝，好处是无限的。可惜世人都是本末倒置，宝贝果，不宝贝因。都喜欢青春，脸上放玉光，都以此元精发动的结果为稀罕的宝贝，却不知道清静心才是令宝贝发生的根本。这就叫众生颠倒，本末倒置。

教导人保护根本，重视根本。一个人要活得好，得根深蒂固，根要强壮，这棵生命之树才能好。所以要重视这个根，就是抓住要害。

这一章叫归根。归根就能产元精，整个道光全靠元精，没有元精化不出心光来。元精是好东西，好东西缘于初心，归于无知无识深度的静。

回到根本叫静，回到了静就可以复命，真性真命合一是元神，是永恒不变的常道。

原典：归根曰静。静曰复命，复命曰常。

——《道德经·第十六章》

《注》：道气归根，愈当清静也。知宝根清静，复命之常法也。

"道气归根，愈当清静也。"根就是大道，大道是灵光的灵父灵母，是一个母体的能量海，道光是一个母体，每一个生命的一点灵光都是从母体出来的。当你的光修出来，已经归到大道本源，归到共性一体的大能量海里去了，你就要更加的静。当光已经归无极了，已经是入了共性本体，就要求你必须得静，而且是深度的静。慈悲的光通无形，能看到对立争斗的心，会自动去消灭一群人的心火，平衡阴气。阴气大，光就消耗得多，肉身出现暂时的失衡，因为光的亏损，无法支撑肉身的正常需求，人的心脑系统就会被破坏，人就会遭罪。遭罪的另一面，是光付出的验证。功力是在苦难中磨炼出来的，你自己静不算什么，你能去灭火，平衡阴气，帮助周围的人归于静，那才是好样的。这不是嘴上说的做好事，是自然、自动地付出能量，平衡阴阳。

"知宝根清静，复命之常法也。"清静是最宝贵的，是可以复命的。人的真命一点灵光，入体后分为真阴和真阳，上下两处分离。复命是真阴、真阳的重新合一，恢复初心本来的样子，与天相通的本色。心像大地一样，宁静无声，心灵要达到这种状态，才叫宝根。如果还是很浮躁、躁动，那个很深的根，根本就够不上。"知宝根清静，复命之常法也"就是恢复真命的唯一方法，一个永恒的方法，一个永远的真理。清静就是宝根，保住生命之树

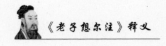

的根本就是清静。

知道常道叫明心见性，不知道常道之道体，妄想有道用，百般的努力都是大凶。

原典：知常明。不知常，妄作凶。

——《道德经·第十六章》

《注》：知此常法，乃为明耳。世常伪伎，不知常意，妄有指书，故悉凶。

平常是道，道是不生不灭永恒的真理。明白了永恒的存在是真的，叫明心见性。真正明白了本性是怎么回事，生命到底是怎么回事，生死到底是怎么回事，你才算是一个明白人。

"妄有指书，故悉凶。"不懂道的规则，就胡写胡说，这些假的、错的是危险的，所有出现问题和麻烦的状态都是抱着假道不放的结果。真道会让你变好，如果你变坏了，肯定是因为抱着假道，大道纯阳能量是不可能让你变坏的。

领悟了道体就能整体地包容。

原典：知常容。

——《道德经·第十六章》

《注》：知常法意，常保形容。

知道了平常是道，能保持一颗平常心，叫知常法意。表面的字义好像是说知道了生生不息、不生不灭、长生的道理，就能够一直保持着肉身的年轻。

其实"容"主要是广大包容，阴的、阳的，对的、错的，是一个整体，你知道了，明心见性了，见道了，就不会偏左偏右，就会包容，中和、整体地看问题，就是元神的思维。知常法意，法的是道意。道是什么？道是不生不灭长生的一，法道意就是法一，效法大道，效法阴阳混一，效法的是道的意，只有这样才能有广大的包容。

广大才能达到大公，大公是共性、是本体，道体才能化生，能生生不息就是自然大道。

原典：容能公。公能生。生能天。

——《道德经·第十六章》

《注》：以道保形容，为天地上容。处天地间，不畏死，故公也。能行道公政，故常生也。能致长生，则副天也。

"以道保形容，为天地上容。处天地间，不畏死，故公也。能行道公政，故常生也。能致长生，则副天也。"讲的是以先天一炁保养身心，就会有天地间最上品的容貌。"容"指广大包容，整体的思维，包容一切，生死也包融一体，看破生死，不会怕死，因此才能融入一，一是生命共同体。一个小光归于道的大能量海，首先要能容，能容之后才能归于公。公就是共性，狭隘偏阴偏阳，是不能归公的。必须达到阴阳混一的中，有中的态度、中的思想、中的身体，才能够进入共性，才能够进入共同体。进入共同体行道，与道一样能化生。化生的本领锻炼好了，光才会得长生。"副"通"福"，副天就是福天，是老天给你的福气，福气是什么？光的长生，光得无量寿，人生百年，一般人的一点灵光能活百年，得长生的光可以用数千年，甚至得无量寿。

这一章很重要，讲的是光修出来了，就该归根了，要明心见性。知常容，容能公，公能生，生能天，齐天大圣、得长生的过程，就是一步一步得来的。首先你从一个阴阳分裂的人，要变成一个阴阳合一的人，就是中性人，一个广大包容的人。广大包容之后你就能进入共同体，进入共同体后就能化生，化生之后光就得无量寿，是这样一个过程。张道陵祖师解释《道德经》，实际讲的是从金丹的光修出来之后一步一步提升的过程，这个过程讲得很详细。

天德与道同，得了道才会长久，肉身消失了，光蕴身也不会死。

原典：天能道。道能久。没身不殆。

——《道德经·第十六章》

《注》：天能久生，法道故也。人法道意，便能长久也。太阴道积，练形之宫也。世有不可处，贤者避去，讬死过太阴中，而复一边生像，没而不殆也。俗人不能积善行，死便真死，属地官去也。

天能够长久，是因为它效法了大道，如果人也能按大道说的去做，清静、质朴，人的光也能长久。

"太阴道积，练形之宫也"，是说人的魂和魄，魂是太阳，魄是太阴。魄藏精，光都是精化出来的。"太阴道积"，讲的是化出道光的元精，精的原始状态是白色的，肺藏精，魂在肝，魄在肺。所以魄藏精居于肺的区域。一个人的精气神是虚的，但是肉身是实体，所谓"练形之宫也"，讲的是把人的肉身转阳，转化肉身的阴气，就是转化魄的阴气。

"贤者避去，讬死过太阴中，而复一边生像，没而不殆也。俗人不能积善行，死便真死，属地官去也。"讲的是俗人因为没有积德行善，积无形的能量，一生用识神，就是消耗元气。如果不用识神，一生是元神当家，不消耗元气，叫积德，元气是德一之光。普通人不积德，一生都在用识神，把先天的精华消耗完，这叫不能积善行德。普通人死了就是真死了，灵光消耗完了。光在肉身活，光走肉身死。普通人没有积累德一之光，死了属地管，就是纯阴无光了。

　　这一章讲归根。第一就是静，静归本性，就见命；第二就是知常，光是不生不灭的，你知道了"道"这个光，就叫明心见性。见了本性以后，本性就会提升、成长，从容、到公、到天、到道、到长生，到没身不殆，永生不死。所以这一章，讲的就是灵光长出来之后得长生的过程。

第十七章　淳风

第一等是最高、最自然的，对道是无知、无识的。

原典：太上，不知有之。

——《道德经·第十七章》

《注》：知道，上知也，知也。恶事，下知也。虽有上知，当具识恶事，改之不敢为也。

淳风，是淳朴的风尚。我们现在提倡家风，我认为没提到根上，应该提倡民风，民风要提倡淳朴，让追求本朴成为深入人心、人人都知道、很高级的风气，这才叫淳风。

"知道，上知也。"一个人知道"道"了，这是最高级的智慧，就是上知。"恶事，下知也。虽有上知，当具识恶事，改之不敢为也。"最高级的智慧，是一个纯阳的，你知道了纯阳的最高智慧，中间的和下边的也都要了解，为什么要了解？如果你守不住最高的智慧，但你知道了中等和下等的错误所在，在守不住的时候，在犯错的时候，你一对照，已经下道了，已经跑到中间的台阶或者跑到最下面的台阶去了，你就知道那是错误的，是绝对不能去的，马上就自诚，自己管住自己赶快回来。"太上，不知有之"就可以这样理解。

第二等是亲近、赞誉道。

原典：其次，亲而誉之。

——《道德经·第十七章》

《注》：见求善之人晓道意，可亲也。见学善之人勤勤者，可就誉也，复教劝之，勉力助道宣教。

"其次，亲而誉之。"一种人自然就符合道。什么都不懂，也没人教他，自然就知道了，这是第一等的。第二等是"亲而誉之"，有的人知道大道好，无量的福，无量的寿，他说大道太好了，我要学大道，这是第二等的。

"见求善之人晓道意，可亲也。见学善之人勤勤者，可就誉也，复教劝之，勉力助道宣教。"讲的是如果这个人是懂道的、喜欢道的，就可以和他亲近。这样的人，你看他这么诚恳，这么勤奋地实践道，你就要称赞他，这样太好了，你要勉励他不仅自己得到道的好处，还要告诉别人，还让他去助道，宣传大道的好处，这是对道的一种帮助，这是第二等的。

第三等是恐惧。

原典：其次畏之。

——《道德经·第十七章》

《注》：见恶人，诚为说善，其人闻义则服，可教改也。就申道诚示之，畏以天威，令自改也。

第三等是什么？"畏之"说的是害怕，他遵守道，是因为他怕有灾难，怕有恶果，是怀着一颗恐惧的心去修道的。第一等是自然的，第二等是知道好处而学的，第三等是因为害怕而学的。第一等的心是最真的，是完全出于自然的诚恳，完全出于本分的真心。后边那想得利益的和因为害怕而学道的，真诚的心就不到位。

这一章讲的是淳风，"太上，不知有之"，应该像第一等那样淳朴自然地合道，才是自然的真诚，才是淳朴的风尚。知道有好处才学、畏惧道才学道，这都不算是到位，都不算是淳风，都不算是本朴的风尚，心根本就不真、不到位。道是靠心灵自然得的，不自然的都不是真心。

"见恶人，诚为说善，其人闻义则服，可教改也。就申道诚示之，畏以天威，令自改也。"讲的是看到阴气很重的人，劝他学道，劝为说善，把阳的东西告诉他，用阳的能量来改变他的阴气。如果他听后觉得阴气不好，要把阴气改掉，你就把道的规则告诉他：一个人一定要有淳朴的真心，用天的果报来告诫他，让他自己改，这就是第三等。

第四等是侮辱，扭曲本性的做法。

原典：侮之。

——《道德经·第十七章》

《注》：为恶人说善，不化而甫笑之者，此即刍苟之徒耳，非人也，可欺侮之，勿与语也。

"侮之"是第四等态度，就是污蔑大道。阴气很重的人，你跟他讲用阳的能量改变阴的能量，他根本不会听，还会嘲笑你，这是什么样的人呢？即"刍苟之徒"，刍苟讲的就是败草，讲的就是灵光一点光亮都没有了，简直就是活僵尸，根本就没有活气，非人也。"可欺侮之，勿与语也"，讲的是这样的人你可以唾弃他，根本不用理他，不需要跟他对话。

小信不如不信，大信才是真信，才能入道。

原典：信不足，有不信。

——《道德经·第十七章》

《注》：乌苟之徒，内信不足，故不信善人之言也。

"信不足，有不信"，讲的是他信的不足，他本就不信。"乌苟之徒"讲的就是灵光如败草，一点儿光都没有了，灵光太匮乏了，这样的人内心没有信力。信是什么呢？信是元炁，元炁就是老天的天光，他不信，因为他里面的光太匮乏了。你看很多人，包括很多高级知识分子，他的人生看似很成功，做出了成绩，到了很高的地位，但是他并不信道，一生用识神，已经把他的光都耗得差不多了，没有光了他怎么信？他那点儿光都在尔虞我诈中耗完了，这就是内信不足。很多的人他不信，你根本就不需要拉，拉也拉不成，他只能是间接地受点好处，不太反对就已经不错了。

道说的每句话都无比的珍贵，一念成真。

原典：犹其贵言，成功事遂。

——《道德经·第十七章》

《注》：道之所言，无一可弃者。得仙之士，但贵道言，故辄成功事遂也。

一个得道、信道、修道的人，他知道大道说的话字字是真，每一句话都能变成现实，所以有道的人不会说废话，长篇大论的人都是言之无物，为什么？他没有体验道的尊贵，如果体验过道的尊贵，绝对不会长篇大论。真的是很短的，道的每一言每一字，在得道人心里都有一个无比尊贵的地位。每一句话都是高级的真理，完全臣服、完全相信，非常的尊重。如果能如此的尊重，道的每一个字就能深植他的心里。

"但贵道言，故辄成功事遂也。"讲的是一念成真，说的每一句话，想的每一个念头全是真的，绝对不落空，绝对不是假的。有一个听我们课的人留言说，听得我的心都化了，这就是"但贵道言"，已经打到他心里去了，已经化在他心里了。这就是知道"道"的尊贵，知道讲道是大事，是惊天动地，一佛出山万佛开道，讲道的时候，光的生命体都来了，所以他的心就被融化了。另外一个留言，说你这个讲得对，符合教义、符合道法等。这和刚才说听得我心都化了，是完全不一样的。这种评论根本不知道"道言之贵"，还在用大脑想问题，在分析判断，说你讲得对不对。根本没打到他心里去，更没有融化到他的骨髓里。你不尊道，就不会到一念成真的地步，讲的就是这道理。你想想，《老子想尔注》是张道陵祖师的信息，是大道祖师，这么深厚强大的背景不能融化你的心，说明你根本不了解道之贵，所以成不了真，还在大脑思维层面上，自然的真诚还没出来。

百姓认为我是自然得道的。

原典：百姓谓"我自然"。

——《道德经·第十七章》

《注》：我，仙士也。百姓不学我，有贵信道言以致此功，而意我自然，当示不肯企及效我也。

"我，仙士也。百姓不学我，有贵信道言以致此功，而意我自然，当示不肯企及效我也。"讲的是百姓不向我学，他们说因为这个人是听了道的话获得的成功，以为我是自然得道的，所以不效法我。这里说的就是信道，听道的话就能成功。实际上是概括之前提到过的"太上，不知有之"，在不知情的状态下，自然就入道，自然就得道，这是最高的，我们只要按道说的做就能成功。

这一章讲淳风，讲的就是四种态度：一种是不知道而自然得的，一种是知道以后学的，一种是因恐惧而学的，一种是反对的。第一，淳风就是恢复淳朴的风，淳朴的风是啥呢？就是太上，提倡的就是自然，自然是最高的。第二，道言贵。道说的每一句话都非常珍贵，你觉得道言尊贵了，就能一念成真。如果从根本上不觉得道言尊贵，那就是"我"还没有去掉，百分之百地自然臣服还没有出来，就变不出真来。第三，讲百姓谓我自然，自然是最高的。

第十八章　俗薄

丧失了先天的一点道光，才有了仁义的魂魄。

原典：大道废，有仁义。

——《道德经·第十八章》

《注》：上古道用时，以人为名，皆行仁义，同相像类，仁义不别。今道不用，人悉弊薄，时有一人行义，便共表别之，故言有也。

淳风、俗薄、还淳、异俗这四章的内容是一个整体，因为内涵比较多，所以分为四章，最重要的是提倡的太上，就是自然合大道。俗薄是什么呢？淳朴的风尚太稀薄了，太少了，丢的太久了，丢的太多了。

"上古道用时，以人为名，皆行仁义，同相像类，仁义不别。今道不用，人悉弊薄，时有一人行义，便共表别之，故言有也。"讲的是上古的时候大道盛行，所有的人都行仁义，没有区别。如今大道不流行了，行仁义的人太少了，只要有一个人行仁义他就凸显出来了。

谋划的后天识神长出来了，才有大的虚假。

原典：智慧出，有大伪。

——《道德经·第十八章》

《注》：真道藏，耶文出。世间常伪伎称道教，皆为大伪不可用。何谓耶文？其五经半入耶，其五经以外，众书传记，尸人所作，悉耶耳。

真道已经不流行了，人们不知道真道是什么，大道藏起来了，邪说都出来了，把邪说说成是大道，当作是道的教诲，这全是假的。"何谓耶文？"什么是邪说呢？"其五经半入耶"，五经一半是邪的，五经以外，比如说《史记》《汉书》等传记书，就是尸人写的。"悉耶耳"这句话，当你没有学道、没有懂道的时候是体会不到的；当你学了道，懂了道，体验了道，再看俗人写的书，你就会觉得太污浊了，简直是一团阴气，全都是黑烟，一点光也见不到，所以就叫"尸人所作"。

丢失了本能的亲情，不得不用孝慈来维持亲情。

原典：六亲不和，有孝慈。

——《道德经·第十八章》

《注》：道用时，家家慈孝，皆同相类，慈孝不别。今道不用，人不慈孝，六亲不和，时有一人行慈孝，便共表别之，故言有也。

"六亲不和，有孝慈。"讲的是亲人之间本来就应该和善，就应该有亲情。因为一起生活的人，光是长在一起的。亲和的情感是光的自然属性，即本能就该亲和。但是，人丧失了本能，所以就要求有孝道，孝道不应该是要求的，是本来就有的。"道用时，家家慈孝，皆同相类，慈孝不别。今道不用，人不慈孝，六亲不和，时有一人行慈孝，便共表别之，故言有也。"讲的是大道盛行的时候，所有的人都是友爱的、尊老爱幼的。所有的人都是自动的孝，大道不流行了，有一个人孝，就显得很突出了。"故言有也"就是有孝慈，这里讲的是假孝慈，大道流行的时候全是真的，大道隐藏起来了，后天的这些东西流行起来了，就全是假的。

国家乱了才有忠臣。

原典：国家昏乱，有忠臣。

——《道德经·第十八章》

《注》：道用时，帝王躬奉行之，练明其意以臣庶，于此吏民莫不效法者。知道意，贱死贵仙，竟行忠孝，质朴悫端，以臣为名，皆忠相类不别。今道不用，臣皆学耶文，习权诈，随心情，面言善，内怀恶，时有一人行忠诚，便共表别之，故言有也。道用时，臣忠子孝，国则易治。时臣子不畏君父也，乃畏天神。孝其行，不得仙寿，故自至诚。既为忠孝，不欲令君父知，自默而行。欲蒙天报，设君父知之，必赏以高官，报以意气，如此功尽，天福不至。是故默而行之，不欲见功。今之臣子虽忠孝，皆欲以买君父，求功名。过时不显异之，便屏恕之，言无所知。此类外是内非，无至诚感天之行，故令国难治。今欲复此疾，要在帝王当专心信道诚也。

"道用时，帝王躬奉行之，练明其意以臣庶，于此吏民莫不效法者。"讲的是大道流行的时候，君王是依道而治国，奉道而治国，君王把"道"的道理弄明白之后，他的大臣和百姓都会争相效仿君王，效仿他的道德准则去生活。

"知道意，贱死贵仙，竟行忠孝，质朴悫端，以臣为名，皆忠相类不别。"讲的是知道大道是一个长生的，所以对长生都很尊重，以生为尊，以死为贱。"竟行忠孝"讲的是人们都抢着尽忠行孝，都非常质朴，所有的大臣都是这样的。

"今道不用，臣皆学耶文，习权诈，随心情，面言善，内怀恶，时有一人行忠诚，便共表别之，故言有也。"为什么说国家昏乱才有忠臣呢？就是因为大道不流行了，全在造假，若有一个人忠诚不造假就显得格外突出。有忠臣指的就是老子这句话，感叹世道不古，把好东西、真东西丢了，没有大道了，世道很可怜！所以整体活得很麻烦，是对大道不盛行的感慨！

"道用时，臣忠子孝，国则易治。"讲的是大道盛行的时候，人们都是自然的忠诚，都是诚心诚意的、真实的，所以国家就很容易治理。"时臣子不畏君父也，乃畏天神。孝其行，不得仙寿，故自至诚。"人们为什么抢着去表真诚和忠孝呢？人们不是怕君王，人们怕的是天威、天道，大道是阴阳合一的，你来假的就给你假的，你来真的就给你真的，所以他怕，敬畏天，知因果。人们由衷地忠孝，自然地忠诚，目的不是得长生。不是这个目的，就是怕天威，所以很真诚，为了自保，为了不食恶果，自然地诚恳。

"既为忠孝，不欲令君父知，自默而行。"你自己的真诚，是给天做的，天看着，只要你忠诚天就给你好报，不需要让别人知道，不需要让君王知道，悄悄地做就可以了，忠诚是给自己做的，跟别人没有关系。人在做天在看，天给你奖励，天给你惩罚，都是自己的事，不是别人的事。所以你不要声张，不要让别人知道，悄悄地做。

"欲蒙天报，设君父知之，必赏以高官，报以意气，如此功尽，天福不至。"如果你做好事，这种忠诚非得让君王知道，让君王知道后，他就会表扬你，就会给你高官厚禄，就会张扬这件事，这样一张扬，功名利禄一给，你做的这点功德就全废了，所以说"如此功尽，天福不至"。你已经得到了，老天还给你吗？不给了，你付出了，然后用名声这种东西回报了，老天也就不给你福了。因为你有舍就有得，你已经得了，不可能再得，这讲的就是积阴德，就是默默地做，不要让它显现出来，不要让人知道。

"今之臣子虽忠孝，皆欲以买君父，求功名。"讲的是现在人要做点好事，要干点什么，都是有目的的，是为了功名利禄，是为了让君王表扬他，是为了得到一个好工作，有一份可观的薪水。"过时不显异之，便屏恕之，言无所知。"讲的是做了好事，让君王知道了，如果君王不表扬他，他马上就会生气，会在背后抱怨，这就是假忠诚、假忠孝，外是内非，表面上好像做了好事，但根本就不是出自真心。

　　"无至诚感天之行，故令国难治。"讲的是因为不真诚，所以让国家难以治理。如果人的仁义忠孝，所有的行为，都是发自真心的，那么就能感天动地。为什么要真诚？人的真心不出来，就不能感天动地，就是假的，假的根本就不行，修道修的是天人合一之道。天人怎么合一呢？就是靠真心感动上帝，靠真诚打动上帝。你只要是真的，就会感天动地，随便说什么都是对的。

　　"今欲复此疾，要在帝王当专心信道诚也。"讲的是现在的世道人心不古，世风日下，民风不淳朴，就不真了，这个弊端怎么治理呢？最重要的就是让君王相信大道的教诲，用道来治理国家。民风的淳朴靠上行下效，上面做对了，下面的也就对了。

　　这一章讲俗薄，俗薄是世俗之假。上古时代大道流行，是全真的，后来大道废了、不流行了，就变假了，仁义、忠孝越来越不行，越来越假。张道陵强调诚恳之心，由衷的诚恳，由衷的臣服。

第十九章　还淳

前两章讲淳风、俗薄，这一章讲的是还淳，朴素的民风要把它还回来，要恢复大道兴盛时期的真诚，使天下太平，恢复由衷地尊道和敬天的风气。

抛弃聪明巧智，对人有百倍的好处。

原典：绝圣弃知，民利百倍。

——《道德经·第十九章》

《注》：谓诈圣知耶文者。夫圣人天所挺生，必有表，河雒着名，然常宣真，不至受有误耶道，不信明圣人之言，故令千百岁大圣演真，涤徐耶文。今人无状，载通经艺，未贯道真，便自称圣。不因本，而章篇自揆，不能得道言。先为身，不劝民真道可得仙寿，修善自勤，反言仙自有骨录，非行所臻，云无生道，道书欺人，此乃罪盈三千，为大恶人。至令后学者不复信道，元元不旋，子不念供养，民不念田，但逐耶学，倾侧师门，尽气诵病，到于穷年。会不能忠孝至诚感天，民治身不能仙寿，佐君不能致太平，民用此不息，倍城邑虚空，是故绝诈圣耶知，不绝真圣道知也。

"谓诈圣知耶文者。"讲的是真正的圣人是没有问题的，假道冒充圣人，写了一大堆言之无用的东西，要把这些假道杜绝掉，"绝圣弃知"绝的是假东西。

"夫圣人天所挺生，必有表，河雒着名，然常宣真，不至受有误耶道，不信明圣人之言，故令千百岁大圣演真，涤徐耶文。""绝圣弃知"绝的是假圣，不是真圣。那么真正的圣是什么呢？真圣诞生的时候必有天象，必有表。"河雒着名，然常宣真"，讲圣人是老天的天光养的，是一种超常的智慧，所以一定有上天来垂象，河图洛书这些星体上都有他们的名字，真正的圣人出山，一定是古籍里有所记载的。比如几千年前汉代的书，或者什么推背图，或者历史上如袁天罡、李淳风这样的高人，他们所著的书中都会有圣人的名字。圣人不是这两天才出来的，而是几千年前就已经安排好了的。

"然常宣真，不至受有误耶道，不信明圣人之言，故令千百岁大圣演真，涤徐耶文"，道出了一个天象，显了一个天光，但是老天培养这个人，没有师傅教他，他也不懂，听了邪的怎么办？好，老天会随时派出千百岁的大圣人，来给他讲真的。你看吕祖就出来了，跟你讲《道德经》，然后丘处机祖师也来了，给你讲《西游记》，是不是？为了培养这个人，告诉你真的是什么，虽然没有老师，但是老天会派圣人来教你，不要入歧途。"涤徐耶文"就是清除邪说的干扰，因为你可能开始也不知道是怎么回事，接触了一些假的，但是老天会马上派真的来帮你把假的给除掉。

"今人无状，载通经艺，未贯道真，便自称圣"，讲的是通了一点经书六艺的东西，根本就没有懂道，未贯真道，便自称圣人。"不因本，而章篇自挨"，得真道是因为明心见性之后从道发出来的，假的根本就没见道，没达根本。

"先为身，不劝民真道可得仙寿，修善自勤。"说明他是包藏祸心的，为了名利，他不会劝人学真道，也不会自我勉励来行大道。"反言仙自有骨录，非行所臻"，反而谎称神仙都是有骨相的，你没长那样的骨相，成不了仙，根本就到达不了。

"云无生道，道书欺人。此乃罪盈三千，为大恶人。"说根本没有长生这一回事，说大道根本不存在，全是骗人的，这样的人罪大恶极。人家是德满三千，他却是罪盈三千。不懂道的人，千万不要沾大道这件事，你不懂、胡说，污蔑道必遭恶果。因为道是生命的根本，把这个根本伤到了，你这棵树还能活吗？

"至令后学者不复信道"，说的是前面讲假道的，没有长生这回事。比如，在社会上很有地位、很有权威的人宣讲假道，就会有坏的结果，他会影响到一些人，根本就不信真道。"元元不旋"讲的就是知错不改，而知道那是错的，知道那是假的，一定要悔改。孩子不养老人，农民不种田，一味地追求邪说，"倾侧师门，尽气诵病"，就是无病呻吟，皓首穷经直到老死。抱着假的不放，是假的难放，你看附体，附体要把它清出去，太难了。《西游记》里演的七个蜘蛛精，蜘蛛精吐的丝黏人，黏上了就甩不掉。所有这些人抱着假的，因为没有真的能量，就不可能将其甩掉。依附于师门，就是说都是一个门派的，进了这个门就不能入那个派。凡是有门有派的都不是大道，大道无门无派，所以一辈子抱着假的，最终也不会有任何进步，一直会被假的东西黏住，得不了真。"不能忠孝至诚感天"，讲的是这样做的结果根本不能感天，不能感天怎么能得天的能量，一定是感动了天，天才会给你能量。

"民治身不能仙寿，佐君不能致太平。"讲的是老百姓抱着假的修，当大臣的来辅佐君王也没用，假的东西不能给天下带来太平。"民用此不息，倍城邑虚空，是故绝诈圣耶知，不绝真圣道知也。"讲的是全城的人都空了，都不生活了，孩子不孝敬老人，该种田的也不种田了，都跟假的邪师学邪道去了。要怎样杜绝这种情况呢？要绝！一定要绝圣弃知，也就是绝假道，不把假道铲除了，真的根本就出不来。

抛弃了仁义，人民可以恢复孝慈的天性。

原典：绝仁弃义，民复孝慈。

——《道德经·第十九章》

《注》：治国法道，听任天下仁义之人，勿得强赏也。所以者，尊大其化，广闻道心，人为仁义，自当至诚，天自赏之；不至诚者，天自罚之。天察必审于人，皆知尊道畏天，仁义便至诚矣。今王政强赏之，民不复归天。见人可欺，便诈为仁义，欲求禄赏。旁人虽知其都交，见得官禄，便复慕之，诈为仁义，终不相及也。世人察之不审，故绝之勿赏，民悉自复慈孝矣。此义平许俗夫心，久久自解，与道合矣。人君深当明之也。

"治国法道，听任天下仁义之人，勿得强赏也。"讲的是作为君王，如果天下的人在行仁义，你就让他行，不要因为他行仁义，你就表扬他，你就提倡这种做法。

"所以者，尊大其化，广闻道心，人为仁义，自当至诚，天自赏之；不至诚者，天自罚之。"为什么任由他们这样做呢？这是给天做的，天在看着，天在管着。你不用管，不用多事。"尊大其化"讲的是大道是一种无形的大化，一种很大的转化。"广闻道心"是说你只要让人们知道什么是真道法，让人的道心长出来就行了。"人为仁义"就是说人做仁义的事，自当至诚，做任何事只要是出于真心做出来天就会奖励他。如果不真诚，不仅没有奖励，还会有惩罚。

"天察必审于人，皆知尊道畏天，仁义便至诚矣。"老天在看，老天是一个审判官。如果这些人懂了，知道"道"是最尊贵的，知道敬畏天威，有了道心，那么自己仁义的行为一定是出自真心的，一定是由衷的仁义，是一种绝对从真心诚意发出的仁义，绝对不会三心二意，绝对不会假仁假义。

"今王政强赏之，民不复归天。"现在，有人行了一点儿仁义，领导就去表扬他，如果这样做的话，人们就不会把真诚给天看，给天看的人是非常真心的。如果只是按照领导的喜好去做，这就干扰了人把真诚发出来。

"见人可欺，便诈为仁义，欲求禄赏。旁人虽知其都交，见得官禄，便复慕之，诈为仁义，终不相及也。"讲的是这个人并没有出于真心，但是他得到好处了，别人就会效仿他。

"世人察之不审，故绝之勿赏，民悉自复慈孝矣。"人们不知道这其中的道理，所以不要因为他做了一点好事就表扬他，不需要这样，不这样做的话，反过来就是"民悉自复慈孝矣"，人们反而知道该怎么做就怎么做，该真诚的就能够拿出真诚来。"此义乎忤俗夫心，久久自解，与道合矣。人君深当明之也。"老子说的话和人们所想的是不一样的，时间久了自然会理解，但是作为君王你要明白这个道理，不要以为表扬一个人、奖励一个人就是好的，这样反而破坏了大化，大道的大化是一个无形的管理、无形的因果。天规是大化，人做的反而破坏了天规，反而使人拿不出真心来。

抛弃了欺骗和自私，盗贼就消失了。

原典：绝巧弃利，盗贼无有。

——《道德经·第十九章》

《注》：耶巧也，利所得财宝也。世不用之，盗贼亦不利也。

巧就是邪，利是所得到的财宝。使人不用巧、利，就不会有盗贼。

以上三条约束是不够的，还要找到根本归宿，抱素守真，提倡本色朴实。

原典：此三言为文未足，故令有所属，见素抱朴。

——《道德经·第十九章》

《注》：三事天下大乱之源，欲演散之，亿文复不足，竹素不胜矣。受故令属此道文，不在外书也，揲说其大略，可知之为乱原。

绝圣弃知、绝仁弃义、绝巧弃利这三条其实并没有概括全，这样分三个说不如归结到根本上来，根本是什么呢？见素抱朴，回到本朴。"三事天下大乱之源，欲演散之，亿文复不足，竹素不胜矣。"太多的文字说不完，太多的竹简也记载不了，不如就把它归结到见素抱朴，人都回归本朴，回归原始的朴素，回归到本性上。

"受故令属此道文，不在外书也，撰说其大略，可知之为乱原。"大道流行的时候一切都治理得很好，大道不行了以后，这个世界就难治了。关于这个道理，其他地方没有这样的说法，只有道书里有，又因为道是非常庞大的，道书里也只是概括地说，没有说尽。

减少私心和欲望。

原典：少私寡欲。

——《道德经·第十九章》

《注》：道之所说，无私少欲于世俗耳。

减少人的自我，私就是自我，就是我见。少点人的看法，少点自己的观念。"寡"意为少点欲望。

这一章讲还淳，说的是要把淳朴返回来、还回来。我们这个社会提倡道德，却没有提倡还淳，所以道德都是很浅显的，真正的道德是民风淳朴，可以夜不闭户，人的心还原到原始的本朴，就像原始社会一样，没有人说假话，全是真诚的。第一，去掉圣知、仁义、巧利，圣知所指的假知就是假道。第二，至诚感天。本朴的真心才能感天，才能通道！人若怀着一颗杂念私心或者一个错误的认识，抱着假的，感不了天也通不了道。只有什么都不抱，真诚、致诚才能感天。还淳怎么还呢？把真心拿出来就是还淳。第三，见素抱朴，培养淳朴的民风。

第二十章　异俗

人间绝学，解决人的所有问题。赞不赞同，有多大差别？

原典：绝学无忧，唯之与何，相去几何。

——《道德经·第二十章》

《注》：未知者复怪问之，绝耶学，道与之何？耶与道相去近远？绝耶学，独守道，道必与之。耶道与耶学甚远，道生耶死，死属地，生属天，故极远。

不懂的人感到奇怪，会问，弃绝邪说，道会和我们亲近吗？邪说与道相差多远？弃绝邪说，只守真道，道一定给你真东西。道和邪说的差别甚远，道是向生，邪是向死，生属天，死属地，所以差得很远。

"未知者复怪问之，绝耶学，道与之何？"不懂的人就会问，正和邪、真道和假道相距有多远？你知道什么是道了，你只守真道，坚决放弃假的，绝对不要理它，这样的话，真道一定就会给你。如果你既想抱着假的，又想得到真的，肯定不可能，就是这么一个道理。理欲杂陈，天理不容，眼里不揉沙子，你要是抱着假的，真的绝对得不到。真东西靠真心，三心二意得不了真。

"道生耶死，死属地，生属天，故极远。"讲的是真和假是天地之间的距离，差得太远了。绝邪的，一定把邪的东西杜绝了，不杜绝假的，你的心灵之光就会有污点，就会演变为你生活中的灾难，心光的成长也会上天无路。我们讲的是见素抱朴，讲真心，由衷的真诚质朴。假如这个人，学了以后又不信，转而去学假的，一进门就出状况，就知道这人沾邪气了。

善与不善之间，相差多远。

原典：美之与恶，相去何若。

——《道德经·第二十章》

《注》：未知者复怪问之，欲知美恶相去近远，何如道与耶学近远也？今等耳。美，善也。生故属天，恶死亦属地也。

美之与恶相去何若，未知者复怪问之，欲知美与恶、道与邪学离得多远，一样是天壤之别。"美，善也。生故属天，恶死亦属地也。"善指的就是阳，阳是生生不息的，是属于天的；错的假的属于阴气，属于地的，死后到阎王那里报到。为什么要知道真假？一个人的人生第一使命，一点灵光投胎下来，归于天、归于阳，金丹的光修成以后，回归本源，回归纯阳世界，这是一点灵光来的使命。但是我们人的后天意识不懂，所以就白来一趟，最终也不知道为什么而来。

一般人畏惧的事情，修行人不可不畏。至今未止。

原典：人之所畏，不可不畏，莽其未央。

——《道德经·第二十章》

《注》：道设生以赏善，设死以威恶，死是人之所畏也。仙王士与俗人同知畏死乐生，但所行异耳。俗人莽莽，未央脱死也。俗人虽畏死，端不信道，好为恶事，奈何未央脱死乎！仙士畏死，信道守诚，故与生合也。

道以长生奖励行阳善者，以死亡威吓行阴恶者，人是害怕死亡的。得道的人和俗人都知道畏死乐生，只是行为不同罢了。莽莽是广阔无边的意思，俗人莽莽，是说大多数都是俗人，没到死的时候就都死了。俗人虽然畏惧死亡，但是不信道，所以天命未到人就死了，因为为恶积累的阴气太多了，阴气就是死气。得道的人怕死，但信道守道诫，积累的都是阳气，阳气与长生之道相合。自然心灵是光，是阳气。后天意识是黑烟，是阴气。健康、寿命都是光决定的，德一之光又是生命之光的源头，所以圣人提倡道德，是在生机的源头，养护生命，告诉人沾老天的光活着，是最好的生命的生存之道。

众人放纵，好像是享受盛宴，眺望美丽的春景。

原典：众人熙熙，若享大牢，若春登台。

——《道德经·第二十章》

《注》：众俗之人，不信道，乐为恶事，若饮食之，春登高台也。

俗人不信道，好做阴恶的事，就像喜好美食，像喜欢在春天旅游一样。俗人不信道，他的言行、喜好是充满阴气的，他根本不懂，还沾沾自喜，觉得生活在这样一个环境里很好，有美食、美景让人心旷神怡。俗人整天在吃阴气，根本就不懂道。讽刺俗人和得道的人有天壤之别。

"我"指的是真我，即一点灵光。真我之光入胎，带来生机，肉身才逐渐被化生成人。当肉身要出胎时，魄才出现。鬼魄为体，识神为用。在婴儿时期，人的意识还不成熟，到了孩童时期，意识才逐渐成熟。我魄未兆，魄还没有踪影，像婴儿未成小孩，像孩星没有归宿。婴儿只有元神，识神还很不发达。无心无意，像孩星无所归，意识还是一种零星漂浮的状态。若无归宿，比喻还是一个很原始的状态，还没有后天的变化。

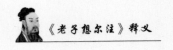

原典：我魄未兆，若婴儿未孩，魁无所归。

——《道德经·第二十章》

《注》：我，仙士也。但乐信道守诫，不乐恶事。至恶事之间，无心意，如婴儿未生时也。

我指得道的人，喜欢信道守道诫，不喜欢做阴恶的事。在阴恶的事上，无心意，就像婴儿没有生出意识一样。修道的人，就没有后天识神，像婴儿一样无心，对那些阴气的事根本就不懂。讲的是一点灵光的原始状态，只有生机，没有意识，无心就是心灵的自然状态。

众人是多了什么，我却是少了什么。我持有愚人之心，混混沌沌。

原典：众人皆有余，我独若遗。我愚人之心纯纯。

——《道德经·第二十章》

《注》：众俗之怀恶，常有余意，计念思虑。仙士意中都遗忘之，无所有也。仙士味道，不知俗事。纯纯，若痴也。

俗人满脑子杂念，充满阴气，经常盘索思虑。得道的人是把一切都忘了，心里什么都没有。得道的人体验道的味道，不想俗事，单纯得像个呆子。

众人都明白。

原典：俗人照照。

——《道德经·第二十章》

《注》：俗人不信道，但见耶恶利得。照照，甚明也。

俗人不信道，对阴邪的利益，有太多的谋划，算计得很明白。

我好像糊涂。

原典：我独若昏。

——《道德经·第二十章》

《注》：仙士闲心，不思虑耶恶利得，若昏昏冥也。

得道的人闭心绝念，不动脑子，不会计较得失，好似昏昏欲睡。

众人都很警醒，只有我昏昏的。

原典：俗人察察。我独闷闷。

——《道德经·第二十章》

《注》：知俗事审明也。不知俗事也。

俗人对俗事很明白，我不明白俗事。

不在意，昏暗不明，到家了还是如此。忽若晦，是一种恍惚的状态，就是迷迷糊糊的。"若晦"好像什么也不明白，看不清楚。家无所止，到家了还是如此，也就是讲这个人一天到晚都是这样。

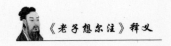

原典：忽若晦，家无所止。

——《道德经·第二十章》

《注》：仙士意志道如晦，思卧安床，不复杂俗事也。精思止于道，不止于俗事也。

仙士一天到晚，一心向道。道是一，得道人的心十分简单，吃喝拉撒睡都是一心在活着，没有杂念牵引。任何事情都是与其合一的，都是全心全意的，没有二心。做一件事，一天24小时，全身心地投入。他的任何言行作为，都是从一心本性里发出来的，那做出来的东西就是无限完美的。一般的人没有真心，没有完美的本性，做出来的东西，是心的呈现，心不美，做出来的东西就不完美。

世人都精明灵巧，唯独我愚昧而笨拙。

原典：众人皆有已，我独顽以鄙。

——《道德经·第二十章》

《注》：俗人于世间自有财宝功名，仙士于俗如顽鄙也。

俗人只是追求名利、物质这些有形的东西，仙士鄙视有形，拥抱无形。修道的人只追求无形的道，明白任何有形都是无形化生出来的，有形是结果，无形是起因。好道的人是修因不问果，喜欢可以化生万物的纯阳，纯阳能量已经变成物质了，在道人眼里，物质是阴气，道人的心灵是纯阳，对阴气没兴趣。

我与其他人不同，以混沌入道吃先天一炁为贵。

原典：我欲异于人，而贵食母。

——《道德经·第二十章》

《注》：仙士与俗人异，不贵荣禄财宝，但贵食母。食母者，身也，于内为胃，主五藏气。俗人食谷，谷绝便死。仙士有谷食之，无则食气。气归胃，即肠重囊也。腹之为宝，前章已说之矣。

仙士与俗人不同，仙人不在乎有形的物质，而在乎无形的德—元气。德—元气是人体元气的道母，道人以此为贵，靠吃老天的元气活着。"食母"指身体，在内是胃，主五藏气，用德—元气养育五脏。俗人靠吃五谷活着，不吃饭就死了。仙士有粮食可以吃粮食，没有粮食可以吃德—元气，元气归胃，可以养育身体。"实腹"的意思，前边已讲过。

这一章讲异俗，是说道人和俗人的区别，其中最大的区别就是修道的人能够吃老天的天光、元气，叫贵食母。普通人是通过食物，间接吃一点点老天的元气。修道的人和不修道的人，中间的差别是很大的。

第二十一章　虚心

大德的形态，是由道决定的。

原典：孔德之容，唯道是从。

——《道德经·第二十一章》

《注》：**道甚大，教孔丘为知；后世不信道文，但上孔书，以为无上，道故明之，告后贤。**

"道"虽然无形，但能体验。"德"是一个非常大的形态，是显道的，是服从道的，道怎么安排，德就怎么运作，"孔德之容，唯道是从"就是这个意思。道是很广大的，教给了孔子智慧。道要人们明白这一点，大道才是最高的，告诫后来的贤士，不要忘本，本是大道。

"道故明之，告后贤。"讲的是让后面的人知道，不要本末倒置。老祖宗是大道，不要认错人。道是根本，没有根本的话，就开不了智慧。孔子是开了智慧的人，只有学了道才能开智慧，所以你应该开根本智慧。

道没有固定的形态，恍惚不可捉摸。

原典：道之为物，唯恍唯惚。

——《道德经·第二十一章》

《注》：**道微，独能恍惚，不可见也。**

道精微缥缈，恍惚中能感觉，肉眼看不见。道没有固定的形态，看不见，摸不着，这在前面已经讲过了，但是你可以感觉它。"道微，独能恍惚，不

可见也。"是讲看不见、听不见、摸不着，但你在恍惚间可以看见，如果是后天意识的状态，肉眼不可见，头脑混乱的状态下也不可见。

但是恍惚中有象。

原典：恍惚中有物，惚恍中有象。

——《道德经·第二十一章》

《注》：**不可以道不见故轻也。中有大神气，故喻橐龠。**

不能因为肉眼看不见就轻视大道，无形的大道中有无限的德—之光，是心灵之光的源头。道里有大神气、大能量、大智慧，有无限广阔的内涵。所以用橐龠，一个巨大的风箱来形容！

杳冥当中有精微的精。其中有象，其中有信，其中有精，"精"指精气神的精。人的精气神，固态叫精，动态叫气，妙用叫神，神指的就是光，人的光来自道光。

原典：窈冥中有精。

——《道德经·第二十一章》

《注》：**大除中也，有道精，分之与万物，万物精共一本。**

太阴魄精中有道的精气，分散给万物，万物的灵光都是出于这个本体。

元精发动的感受很明显，高生物电感、火烧全身的感觉是很明显的。

原典：其精甚真。

——《道德经·第二十一章》

《注》：生死之官也，精其真，当宝之也。

生的关键是精气，元气电感是真实的，应当保爱。精能够很真实地感受到，元精化元气的电感、化元神的光感，应当以道精为宝贝。第一，真诚地信道；第二，元神当家，心灵自然，既真诚，又单纯。有了这种心态，才能感受道精。如果你总是在一种后天思维的状态中忙碌的话，那根本就没有时间让身体放松，这就不是宝精。

精里面就是元气。

原典：其中有信。

——《道德经·第二十一章》

《注》：仙士宝精以生，今人失精以死，大信也。今但结精便可得，可得生乎？不也，要诸行当备。所以精者，道之别气也，入人身中为根本。持其半，乃先言之。夫欲宝精，百行当备，万善当着，调和五行，喜怒悉去，天曹左契，算有馀数，精乃守之。恶人宝精，唐自苦，终不居，必自泄漏也。心应规，制万事，故号明堂三道，布阳耶阴害，以中正度道气。精并喻像池水，身为池堤封，善行为水源，若斯三备，池乃全坚。心不专善，无堤封，水必去。行善不积，源不通，水必燥干。决水溉野渠如溪江，虽堤在，源流泄必亦空，岩燥炘坼裂，百病并生。斯三不慎，池为空坑也。

　　古代的仙士保藏精气得以长生，人丧失了精气所以才死，真的要相信这一点。今天的人们，只要凝聚了精气就可以得长生吗？不是的，要各方面都具备才行。所以，精气是道的别称，入人身中为人的根本。精只是一部分，先说精这部分。

　　"今但结精便可得，可得生乎？不也，要诸行当备。"讲的是道精的光是生的关键，既然是生的关键，如果得了这个精，是不是就能得长生？不是的。不是说你单纯地守着精，有了精你就能够得长生，要诸行当备，要全面符合道的要求、符合道的教诲、符合道的规则，绝对不是有精就行了。很多人不都元精发动了吗？元精发动了，有精了，但是他根本就不行。心还是后天的贪心，心差远了，当然不行。所有的行为都要符合道，诸行都要具备。

　　"所以精者，道之别气也，入人身中为根本。持其半，乃先言之。"讲精就是精气，是道的别称，入人身中为人的根本，人的肾气为先天之本，先天一炁是肾气的祖气，是肾的根本。但不是说有精就行了，精化气、气化光，光与道光相容，心灵要完全归于自然。精只是一部分，还要有很多别的东西，诸行具备才行。

　　要保全精气，各方面的行为都要具备，行万善，调和五行，弃掉七情，魂魄的魄转阳，知天改命，精才能保住。阴气重的人想保精是自找苦吃，最终也保不住，毕竟会泄漏掉。心对了，万事就好了，所以称为"明堂三道"，自然心灵是纯阳能量，能转化一切邪气，以中正之自然心灵之光，才能接收道气。

　　"夫欲宝精，百行当备，万善当着。"各方面的行为都要具备，万善当着，就是要行万善，积善成德。"调和五行，喜怒悉去，天曹左契，算有馀数，精乃守之。"讲的是要五脏和谐，五脏的阴气要转阳，五脏转阳的标志是放出五色光，这才是调和五行。"喜怒悉去"说的就是七情六欲在你这儿都消失了。"天曹左契"讲太极图左边白的是左契，右边黑的是右契，白的是阳，黑的是阴。"天曹左契，算有馀数"讲的就是太极已经变成了全白，黑也变白了，也就是魄阴转阳了。"算有馀数"指人的命都是有数的。但是这个数现在已经不是投胎时候的那个数了，老天已经给你增寿了，现在那个数已经改了，到那个日子没死，活得还挺好，这就叫"天曹左契，算有馀数，精乃守之"。

黑白太极图全变成白的，变成纯阳了，变成纯阳了以后才能够保住精。如果你没有变成纯阳，精是保不住的。也就是说你是不是变成中性人了，完全不能行人道了。如果没有完全变成中性人，还能够行人道的话，就不能保得住精。精是长生的根本，什么才能保住精？得了中性了，人道完全退了，才能够保住精。

"恶人宝精，唐自苦，终不居，必自泄漏也。"唐是空的意思，如果一个阴气很重的人想保精，纯粹是自找苦吃，最终也保不住。"心应规，制万事，故号明堂三道。"一个人的心，要把识神去掉转成元神。人心就是一个规则，就像圆规一样，是圆满的。但是管不住自己的心，识神总是在胡思乱想，这样一个念头，那样一个念头，就是恶贯满盈，整个身体都是阴气，为什么呢？就是管不住自己的心，不能像圆规一样画圆，不能把识神管住，不能让自己心无杂念，所以把心管住了，其他事就都管住了。

"心应规，制万事，故号明堂三道。"名堂指的就是额头，也就是人的大脑。如果管不住心，整天想乱七八糟的东西，再怎么想保精也是枉然，根本就保不住，精肯定会漏。因为你的心管不住事，心应规你规不住，不能把心当成一个圆规在用，人心根本无力，总在胡思乱想，随着外缘动心，自己完全察觉不到，心是昏的，管不住心的话，精就守不住。

"故号明堂三道，布阳耶阴害，以中正度道气。"明堂三道就是把阴气去掉，把自己的心管住了之后才能够有阴阳混一的纯阳能量，才能播撒纯阳能量杀邪气，以中正传播道气，纯阳的能量才是道精。

精气就像池子里的水，身体就像池塘的堤坝，行善是水源，只有三者具备，池塘才会完整坚固。心不专注在善的事情上，就像池塘没有堤坝，水就会流溢出去。行善不能坚持不懈地积累，水源不通，水就会耗干。像决堤的水涌出一样灌溉，虽然堤坝在，源流泄漏，必然导致干枯，百病丛生。这三者缺一不可，否则池塘就只是一个空的坑。

　　不要以为道是容易得的，想得老天的能量，必须行善积德、专心、持之以恒。不是简单地元精发动就行了，一定是要付出、积德、做功德！不然源头就断了，就像虽然堤坝还在，但会百病丛生。行善是水源，要不断地积德行善。得了老天的真精、元精以后，这三者不谨慎，守精这件事就会落空。

　　从古至今，道的名字永远不能废除。

　　原典：自古及今，其名不去。

——《道德经·第二十一章》

　　《注》：今常共此一道，不去离人也。

　　从古至今，道从来没离开人。

　　依据它，才能观察万物的初始。

　　原典：以阅众甫。

——《道德经·第二十一章》

　　《注》：道有以来，更阅终始非一也。甫者，始也。

　　自从道存在以来，阅历过无数的始终。"甫"是开始的意思。

看到太多的生死，看到太多的循环，这是为什么呢？因为道能站在起始，所以能看到如此多的生死轮回。

我怎么知道万物开始的情况呢？是从"道"认识的。

原典：吾何以知终甫之然，以此。

——《道德经·第二十一章》

《注》：吾，道也，所以知古今终始共此一道，其事如此也。

吾是道的意思。为什么古今共此一道，事情就是如此。古今终始共此一道，其事如此也，因为能找到根，能站在这个开始，所以能知道生死的循环。

这一章讲虚心。第一，讲的是孔德之容，为唯道是从，德是服从道安排的；第二，恍惚中感到精；第三，恍惚中有信；第四，道是初心，回到初心方能看到始终。

前面这几章的内容是很重要的，也是最核心的，讲诚恳心，讲本朴，讲淳风，这些内容是很丰富的，看似很容易懂，其实是很难的。如果你真正的淳风了，真正的纯朴了，诚恳心真的出来了，那也就成了。

第二十二章　益谦

益谦讲的是谦德，谦虚的德性，谦虚的好处。

委曲才能保全。

原典：曲则全。

——《道德经·第二十二章》

《注》：谦也，月谦，先曲后全明；学道反俗，当时如曲不足也，后亦令明。

曲则全，就像月亮从月牙到满月，是曲后全明。"学道反俗，当时如曲不足也，后亦令明。"学道也是这样，很勤奋地约束自己，管住人心，不要放肆，看似吃亏和委屈，但是管住心以后，你的月牙就出来了。先看到一个月牙，然后持之以恒地管住自己的心，大月亮就出来了。学道和世俗不同，当初是亏的、不足的，后来就能达到性光明亮。

弯曲才能直伸。

原典：枉则正。

——《道德经·第二十二章》

《注》：枉亦曲也，曲变则正。学道反俗，独自勤苦，当时如相侵枉也，后致正。

枉是弯曲的意思，弯曲了才能变直。学道和世俗不同，专心信道自愿吃苦，当时好像比较吃亏，后来正气就被养大了。

原典：窒则盈。

——《道德经·第二十二章》

《注》：谦虚意也。行无恶，其处空。道喻水，喜归空，居恶处便为善，炁归满，故盈。

窒是谦虚的意思。行为没有阴气，自在地守在空里。道就像水，喜欢归于空，见到阴气就把阴气转阳了。光因为化解阴气而消耗，老天又自动将其补足，所以盈满。光用掉了，道光才会给你加油、补充，这就是舍而后得的意思。光是怎么长的呢？光舍出去了，舍得一丝不剩了，老天会自动给补足，光就是这样长的。比如，凡是有验证的时候，付出的都非常大，付出看似挺遭罪的，但是你付出了才能成长。老天一定会给你强大的能量，会自动补足给你提升。能受委屈，受过来就不一样了，吃得苦中苦，才能进步得快。

陈旧便会更新。

原典：弊则新。

——《道德经·第二十二章》

《注》：物弊变更新，学道羸弊，后更致新福也。

东西坏了才需要更新，学道也是这样，坏到极点，物极必反，之后才会更新出新的天福。

如果不是破旧了、坏了，也不需要更新，"物弊变更新"就是这个意思。

"学道赢弊"是说好像坏到了极点，但又是新生，死而后生。在经历过一个很大的困境后，就一定会大死大生！大难不死必有后福。很难受，很不舒服，状态总是不太好，但是这个不好的状态一过去，就会更新出新的天福，是老天给的福气。

少取便会获得，贪多便会迷惑。

原典：少则得，多则或。

——《道德经·第二十二章》

《注》：陈力殖谷，裁令自足，天与之。无基考可得福，多望不止则或，或，耶归之也。

"陈力殖谷，裁令自足，天与之。"老天给一个人一亩三分地，你就踏踏实实地种这点地，这一亩三分地的收获够吃一年的，可以维持生存，这是老天给的补给，没有错误。

"无基考可得福。"种了一亩三分地，收获了一亩三分地的粮食，养了你这一年，这就是老天给你的福。这个福，辛苦了这么多，就得了这么多，老天就给了这么多，如果非要成为百万元户，或者有非分之想，就是糊涂了，糊涂了邪就侵入了。"少则得，多则或。"老天就给这么点儿福，你只付出这么点儿，却想得很大的福气，那是不可能的。

所以元神抱一，以道为天下的准则。

原典：是以圣人抱一为天下式。

——《道德经·第二十二章》

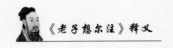

《老子想尔注》释义

　　《注》：一，道也。设诚，圣人行之为抱一也，常教天下为法式也。

　　一就是道。设立道诫，圣人行道诫就是抱一，应当作为天下人的榜样。"曲则全，枉则正，窐则盈，弊则新，少则得，多则或"，都是对立的，"圣人抱一"讲的是把对立和谐为一。一个强人，又特别心软，特别的软和特别的强是两个矛盾的东西，和谐在一个人的身上，这就叫抱一。"是以圣人抱一为天下式"，讲的是元神抱一，以道为天下的准则。一个人干事很快，又很细致，大的原则很坚定，细节处理很灵活。大小统一，刚柔并济，这就达到了道的最高水平。这就是爱，歌词里唱的爱那都不是爱，德一才是真爱，阴阳浑化。一般人都是偏阴偏阳，自我强大。只有忘我、无我的人，才能与一融合。

　　元神没有我见，所以看得准。

　　原典：不自见故明。

　　　　　　　　　　　　　　　　　——《道德经·第二十二章》

　　《注》：圣人法道，有功不多，不见德能也。

　　圣人效法道，不会自夸，不会表现出来，是阴德、玄德，是看不见的，所以不会彰显他的德能。比如神通，神通也是一种德的能力，真正懂的人绝对不用神通，绝对不用！实际上他真的不用吗？暗中是用了的，"不自见故明"就是这个意思。

元神无我，所以得以彰显。

原典：不自是故章。

——《道德经·第二十二章》

《注》：明者乐之，就诚教之；不乐者，墨以不言。我是若非，勿与之争也。

明白的人就会很高兴，按照圣人的教诲去做，他说大道太好了，愿意听大道的话，愿意依照大道说的去做。不愿意向圣人学的，就不要理他了，他为什么不喜欢道呢？他的灵光像败草，一点儿光都没有，内信不足，他信不了，就不要与他争辩对错了。

不自夸，所以积了功德。

原典：不自伐故有功。

——《道德经·第二十二章》

《注》：恶者，伐身之斧也。圣人法道不为恶，故不伐身，常全其功也。

恶讲的就是阴气，阴气是杀身之斧。"圣人法道不为恶，故不伐身，常全其功也。"讲的是圣人做事都是纯阳的，所以不会伤身，只有阴气才会伤身。长久地保全身的功能，不仅是肉身，最主要的是光，光叫法身，法身有各种各样的本事，只要不沾阴气，就伤不了光。

没有我执，所以才能长久。

原典：不自矜故长。

——《道德经·第二十二章》

《注》：圣人法道，但念积行，令身长生生之行。垢辱贫羸，不矜伤身，以好衣美食与之也。

圣人效法道，道是自然，是一个能量积累的过程。一心行善积德，使自己的行为符合长生之道。开悟、无心是积德，积的德够了才能行道。长生之道是有规则的，你的行为是不是完全符合这个规则，只有符合这个规则了，没有我执，才能长久。行为不检点的人，不遵守道德原则，不听话，自己放肆，这样的人就会穷困潦倒。"以好衣美食与之也"是帮助他的意思。

正因为不与人争，所以天下没有人能与他争。

原典：夫唯不争，故莫能与争。

——《道德经·第二十二章》

《注》：圣人不与俗人争，有争，避之高逝，俗人如何能与之共争乎？

圣人不与俗人争，有争议的时候，圣人躲得远远的，俗人根本就够不着。意思是说圣人的光越走越远，从本质上远离纷争。"夫唯不争，故莫能与争"，指俗人根本就跟你争不了，你说的话他根本不懂，跟你争什么？正因为不与人争，所以天下没有人能与他争。

　　古时所谓"委曲便会保全"的话，怎么会是空话呢？它是实实在在能够达到的。

　　原典：古之所谓曲则全，岂虚语？故成全而归之。

——《道德经·第二十二章》

　　《注》：谦曲后全明，非虚语也。恐人不解，故重申示之也。

　　古代人说的谦德是一个由少到多、由曲到全的过程，这个道理是非常真实的，不是虚言。恐怕人们不理解，再重申提示人们，再重申谦德，"满招损，谦受益"，谦是一种很高级的德性。

　　这一章讲益谦。第一，"曲则全，枉则正，窒则盈，弊则新，少则得，多则或"，六个"则"是在讲谦德的益处。第二，抱一讲的是一个修道的人是抱一的，不是把阴阳对立的两个东西分裂的，你要抱一。第三，"不自是故章，不自见故明，不自伐故有功，不自矜故长"，四个"不自"，是讲你站在元神的角度，抱一、合一就是一体的。

第二十三章　虚无

"虚无"就是自然，道法自然。"虚无"是道体，所以"虚无"讲的就是自然。

自然就不用多说了。

原典：希言自然。

——《道德经·第二十三章》

《注》：自然，道也。乐清静，希言，入清静，合自然，可久也。

自然就是道。"乐清静，希言"是说喜欢清静少说话。"入清静，合自然，可久也"指一个修道的人，少说话，常清静，这就是自然，可以长生。

狂风刮不了一个早晨，暴雨下不了一整天。

原典：飘风不终朝，趋雨不终日。

——《道德经·第二十三章》

《注》：不合清静自然，故不久竟日也。

疾风骤雨不合自然之道，所以一天也维持不了。这种状态不是常态，不是自然状态，所以不会长久。

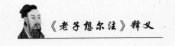

是谁控制的？天地。

原典：孰为此？天地。

——《道德经·第二十三章》

《注》：孰，谁也。天地为飘风趋雨，为人为诚不合道，故令不久也。

孰是谁的意思。天地制造风雨，不是天地的常态，人的行为极端、过分不合道诚，也是不能长久的。

天地尚且不能长久，何况是人？

原典：天地尚不能久，而况于人。

——《道德经·第二十三章》

《注》：天地尚不能久，人欲为烦躁之事，思虑耶计，安能得久乎？

天地尚且不能长久，人行事暴躁、多思多虑，又怎么能长久呢？天地做这种非常态的事，疾风暴雨都不能持久，更何况是一个人呢？

人发火狂躁、胡思乱想，这种后天阴气的、非常态的东西又怎么能长久呢？强调自然才是对的，发疯的状态不自然，要回归自然，回归常态，不要抽疯似的。正常就是道，白天工作，晚上休息，饿了就吃，困了就睡，才是常道，不正常的状态就是离德失道。

效法道的人，行为要与道的法则相合，与道同者，道也乐意给他。

原典：故从事而道得之。

——《道德经·第二十三章》

《注》：而，如也。人举事令如道，道善欲得之，曰自然也。

"而"是如的意思。人做事要合道向道，道也愿意接受，叫自然。

与德同者，德也乐意给他。

原典：同于德者，德得之。

——《道德经·第二十三章》

《注》：人举事与德合，德欲得之也。

人做事要合德，德也愿意接受。

与失同者，道也乐意失去他。

原典：同于失者，道失之。

——《道德经·第二十三章》

《注》：人举事不惧畏道诚，失道意，道即去之，自然如此。

人做事不畏惧道诚，不合道，道就离开了，自然如此。

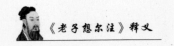

信得不深，就用不信回馈你。

原典：信不足，有不信。

——《道德经·第二十三章》

《注》：前章已说之也。

此句的意思，前章说过了。

为什么又不信呢？他的光太少了，不用劝他信。你要是信道，道就给你；你要是信德，德就给你；你要是不信，无道就还给你。所以"信不足，有不信"，是没办法的。

这一章讲虚无。第一，虚无就是自然，就是常态。发火、胡思乱想这都不是常态，都是不对的。要把像刮风下雨一样的发火、急躁的状态去掉。人要回归自然，回归常态，非常态是不对的。第二，道就是复印机，你信什么就会复制什么，你不信就把不信复制给你，明白了就自己选，你是信道呢？还是信德呢？还是不信呢？还是根本就信不了呢？这四种状态，你看自己是什么，对号入座。你要离开道，道就离开了；你要信道，道就来了，自然就是这样。看你怎么选择，选择什么结果就是什么。

第二十四章　苦恩

原典：喘者不久。

——《道德经·第二十四章》

《注》：用气喘息，不合清静，不可久也。

呼吸急促，不合清静之道，因为不合常态，所以不能长久。

迈开大步走路的人，不能远行。

原典：跨者不行。

——《道德经·第二十四章》

《注》：欲行千里，一步而始，积之以渐；今大跨而立，非能行者也，不可久也。

　　千里是一步一步积累到达的，如今有人跨出一大步就要站一下，不是一个能走的人，不能长久。正常地一步一步慢慢走，才能走得远。跨大步，不符合常态，所以不能长久。

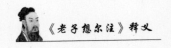

有我见就不是明心见性的人，自以为是得不到彰显，人为地想得功德是没有功德的，自高自大锋芒外露的人，不会长久。

原典：自见不明，自是不章；自饶无功，自矜不长。

——《道德经·第二十四章》

《注》：复解前章之意耳。

老子再次解释前章的意思。刚才说了四个"不自"，现在又说四个"自"，这就再一次解释了前一章的意思。

这些急躁炫耀的行为。

原典：其在道。

——《道德经·第二十四章》

《注》：欲求仙寿天福，要在信道，守诚守信，不为贰过；罪成结在天曹右契，无到而穷，不复在馀也。

"欲求仙寿天福，要在信道，守诚守信，不为贰过"，意为想得到无量寿的天福，关键在于信道，守道诚，守道的教诲，要拿出真诚的心。"不为贰过"讲的就是同样的错误，不能犯第二次。如果你真正信道的话，你犯了错误，这个错误不能再犯，一个人发现了错误永远不改，根本就不是真的信道，你要真的信道，一下就把它改掉了，不可能再犯。这就是真信与假信的区别。所以要真正地守诚、守信，同样的错误不能犯第二次。

一个人犯错误，就在右契，右为阴，太极黑，对应魄。"天曹右契"讲的就是你犯了错误的话，天官是会给你记账的，账就记在识神鬼魄上，在阴魄上给你加了一笔，给你记了一个罪过。人在做，天在看，罪过阴气都存留在魄上，天官的记录还没来得及记，灾难就已经降临，报应就来了，是跑不掉的。这讲的是什么呢？讲的就是因果报应非常神速。假如说一般的人，他整个都是阴气，因果报应可能就来得比较慢。因为本来就是全阴的，再来点阴的，感觉好像不会有什么。但如果是学大道的人，心光是纯阳的，你犯了一点错误，来点阴的，报应立刻就会来，能量有一个加速的作用，所以要谨小慎微，要提前预防不好的东西出现。比如，你这个神光怕羞辱，你不要荣誉，没有宠就没有辱，从根上把怕羞辱这件事给解决了。所以说要很谨慎小心，否则报应会非常快。

只能说是剩饭赘瘤，是多余的东西，谁都厌恶这样的举止。

原典：曰馀食赘行，物有恶之。

——《道德经·第二十四章》

《注》：行道者生，失道者死；天之正法，不在祭啜祷祠也。道故禁祭啜祷祠，与之重罚。祭啜与耶通同，故有馀食器物，道人终不欲食用之也。

行道者活着，是一天天地走向生；失道者活着，是一天天地走向死。天的正法，不在祭祀祷告，不在庙堂。因此道禁止人们祷告，否则就给予重罚。祭祀与邪说相同，所以那些用于祭祀的食物和器具，得道的人不吃不用。道是很干净的，若是夹杂了很多杂质，这对道来说都是不需要的，要把这些杂质都清理掉。

"天之正法"是一个在生命中实在的、真实的、要害的问题，跟祭祀没有关系，跟宗教也没有关系。宗教祭祀讲的是求神，求神来降福。大道是生命本源，是真理，要用科学的思维去对待，要是把大道变成迷信，就是错误的。

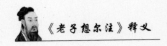

所谓的咒语、法术和大道没关系。大道是一切生命的最高准则，和宗教没有半点关系。

所以，有道的人不这样做。

原典：故有道不处。

——《道德经·第二十四章》

《注》：有道者不处祭啜祷祠之间也。

有道的人是不参加祭祀活动的。"有道者不处"是说有道的人，认为自见、自章、自饶、自矜都是多余的。道是干净的，没有多余的杂质。所以"故有道者不处"。

这一章讲苦恩。第一，常态才是道，暴雨不会下一整天，不正常的状态不能持久。第二，有一大堆的我，就是不干净，不干净也不行。第三，多余的都是错的，道就是简单、干净，八万四千门派都不是道。

第二十五章　象元

"象元"是讲本源的象，大道的面貌。

灵光混成有质，在天地形成之前就已经存在。寂静而空虚，不依靠任何外力而独立长存，循环运行而永不衰竭，可以算作万物之母。

原典：有物混成，先天地生，家寂漠，独立不改，周行不殆，可以为天下母。

——《道德经·第二十五章》

《注》：叹无名大道之巍巍也，真天下之母也。

有一种东西在天地形成之前就诞生了，它"独立不改，周行不殆"，它太大了，没有人能改变它，没有人能左右它，它是无穷无尽的。"周行不殆"是说会永远存在，不停留不消失。"可以为天下母"是赞叹大道太伟大了，它是一切生命的根源，是万物之母。

我不知道它的名字，用道字称呼。

原典：吾不知其名，字之曰道。

——《道德经·第二十五章》

《注》：吾，道也。还叹道美，难可名字，故曰道也。

"吾"是道。老子反复赞叹道的美好，难以为其命名，所以称为道。"吾不知其名，字之曰道"意为难以为它命名，勉强叫一个"道"字。

127

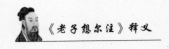

勉强叫作"大"。

原典：吾强为之名曰大。

——《道德经·第二十五章》

《注》：言道甚大。言强者，恐不复，不能副其德也。

"言道甚大。言强者，恐不复，不能副其德也。"就是说给它起一个名字，用大来比喻道，为什么是勉强的呢？因为它太伟大了，叫什么名字都不足以概括它的伟大，所以就勉强给它起一个名字叫"大"。

太大了，好像离开了一样。

原典：大曰逝。

——《道德经·第二十五章》

《注》：逝，去也。大神无能制者，便立能去之也。

"逝"是离去的意思。"大神无能制者，便立能去之也"，神是光的意思，道光无形又太大，没有谁能制约，如果有的话，立刻就离开了道。大道好像走了，好像离开了一样，为什么离开了呢？肯定是因为有人想制约它，想约束它，以为这样做就能得道了，但你这样做道就离开了。什么捉昔肌，什么意守丹田，不管你怎么制约这个道，道都会立刻离开。

天上地下，无所不流行叫远。

原典：逝曰远。

　　　　　　　　　　　　　　　——《道德经·第二十五章》

《注》：翕然便能远去也。

"翕然便能远去"讲的是忽然就走了，瞬间就离开了。如果你是有为的，你想控制道，道就会离开，而且是瞬间离开。

天地万物无不本于道而生，无不归于道而化，叫返。

原典：远曰反。

　　　　　　　　　　　　　　　——《道德经·第二十五章》

《注》：翕然便能还反也。

瞬间也能回来。天地万物无不本于道而生，无不归于道而化，叫"返"。如果你人为地想强制、制约道，道马上就会离开。假如你放下，你无为，你自然，道瞬间就回来了。

所以是天大、地大，人亦大。

原典：道大，天大，地大，生大。

　　　　　　　　　　　　　　　——《道德经·第二十五章》

《注》：四大之中，何者最大乎？道最大也。

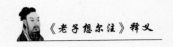

道、天、地、生四者之中谁最大，道最大。生是道的一个别名，因为道就是生机，生生不息。所以这"四大"之中，把原来那个版本的"人亦大"，人改成了生，讲人得道之后就有生生不息的生机活力。

宇宙间有"四大"，而生处于一中。阴阳混一的先天一炁，就是生生不息的能量。

原典：域中有四大，而生处一。

——《道德经·第二十五章》

《注》：四大之中，所以令生处一者，生，道之别体也。

"四大"之中为什么生是其一，因为生是道的另一种表达方式。生就是道的别体，所以生也是其中之一。生死的主体从来都是光，不是肉身。但是人们只看到肉身的生死，总是本末倒置。

人取法地，地取法天，天取法"道"，而道纯任自然。

原典：人法地，地法天，天法道，道法自然。

——《道德经·第二十五章》

《注》：自然者，与道同号异体。令更相法，皆共法道也，天地广大，常法道以生，况人可不敬道乎。

自然是道的另一个名字，只是面貌不同，共法一道。天地广大，总是效法道而获得生生不息，人有什么理由不敬道呢。

"自然者，与道同号异体。令更相法，皆共法道也。"讲自然是道的另一个形象，只是形象不同，实际上自然就是道。"皆共法道也"，讲自然和大道是同一个根本。"天地广大，常法道以生，况人可不敬道乎"，是说天地那么广大，都在效法大道，和大道学习长生，何况人呢？人那么渺小，那么脆弱，人不靠大道能活得好吗？人有什么可骄傲的，还不好好地敬天学道、敬道尊天。

这一章讲象元，描述本源的象。第一，先天地生；第二，无穷尽；第三，化生万物；第四，四大；第五，道法自然。讲自然是最高的，"太上不知有之"是最高级的，虽然什么都不知道，但是与大道完全吻合，也不需要懂什么道理，就是一个自然人。一个自然人的言行，他的人生和大道完全是吻合的。

第二十六章　重德

重是厚重，厚重是一种德性。重德，沉重的重，很深的静，静得很深，就是重德。

重是轻的根，静是躁的主人。

原典：重为轻根，静为躁君。

——《道德经·第二十六章》

《注》： 道人当自重精神，清静为本。

修道的人应当保精爱神，以清静为本。

元神守静一时不离，谦守着重与静。

原典：是以君子终日行，不离辎重。

——《道德经·第二十六章》

《注》：重精神清静，君子辎重也，终日行之不可离也。

修道的人保精爱神守清静，就像君子的随身物品一样，始终不离开。一个人出行的时候，拿着行李箱，行李箱不离身，离开了就没得用了。比喻一个人一天到晚，无论干什么，无论走到哪儿，无论在家还是出行，任何时候都不离开清静，叫"君子终日行，不离辎重"。

即便是有胜景，却不被牵引，不飞神动性。

原典：虽有荣观，燕处超然。

——《道德经·第二十六章》

《注》：天子王公也，虽有荣观，为人所尊，务当重清静，奉行道诫也。

"天子王公也，虽有荣观，为人所尊，务当重清静，奉行道诫也。"是说好像有什么荣誉，好像有什么露脸的事，"荣观"讲的就是那种有面子的事，行道的人根本不理会，一心只是清静，根本不会被那些东西牵引，只是守着清静。

凭什么以道这个万乘之主，至贵至尊、可仙可佛之身而不自爱，反以世俗的荣乐为缘。

原典：如何万乘之主以身轻天下？

——《道德经·第二十六章》

《注》：天子乘人之权，尤当畏天尊道。设误意自谓尊贵，不复惧天道，即为自轻其身于天下也。

大道是万物之母，是天下最尊贵的。为什么不尊重万乘之主，为什么不尊重大道呢？你为什么在低级、渺小、无价值的事情上浪费生命、浪费精力呢？

"天子乘人之权，尤当畏天尊道。设误意自谓尊贵，不复惧天道，即为自轻其身于天下也。"讲的是作为天子，你的权力是老百姓给的，所以更应该敬天尊道、敬畏因果。假如你不尊道，自以为是最大的，以为自己尊贵就不敬天畏道，就是自轻自贱于天下。你看《西游记》中的凤仙郡祈雨，郡侯不敬天，他把敬天的祭品桌推翻了，祭品被狗吃了，导致凤仙郡三年不下雨，这就是老天的惩罚。要敬天，不要以为有了尊贵的权位，自己就是老大，千万不要这样想。"如何万乘之主以身轻天下？"如果认为自己是老大，你这就是自轻自贱，就是自毁前程、自找麻烦，就会失去别人对你的尊重和老百姓给你的权力。

轻浮则失其臣，浮躁导致心君混乱，六神无主。

原典：轻则失本，躁则失君。

——《道德经·第二十六章》

《注》：轻躁多违道度，则受罚辱，失其本身，亡其尊推矣。

"轻躁多违道度，则受罚辱"，是讲轻贱浮躁是违背大道要求的，如果你这样做的话，就会有灾难，就会受到惩罚。"失其本身，亡其尊推矣"，是说失去自己的根本，毁掉别人对你的尊重。"躁则失君"的君指心光，躁火烧丹，是躁火烧光。光属金，火克金，躁火一起，光就遭殃。

这一章讲重德，归结起来：第一，清静为本；第二，终日不离清静；第三，妄自尊大是自轻自贱。重德是一种很厚实的德性，这种德性来自哪里呢？来自"清静"二字。不离清静，不忘清静，清静就是重德，脑中要有这样的概念。

第二十七章　巧用

善于行动的没有痕迹。

原典：善行无彻迹。

——《道德经·第二十七章》

《注》：信道行善，无恶迹也。

奉道行阳，行善就是行阳。行阳就是老天的纯阳，奉道行阳，就没有阴的印记。

善于说的没有瑕疵。

原典：善言无瑕适。

——《道德经·第二十七章》

《注》：人非道言恶，天辄夺算。今信道言善，教授不耶，则无过也。

人不奉道向善，恶言恶语作恶，天就会毁灭他，他自己就把自己毁了。如今教人信道行善，叫人不要信邪说，就没错。

"天辄夺算"，如果不信道、污蔑道的话，老天一定会惩罚你。你现在信道了，就是纯阳。你不沾邪的，不接受那些邪的，你没有错误，老天就不会惩罚你。

善于计算的，心灵感应，不需要算计。

原典：善计不用筹算。

——《道德经·第二十七章》

《注》：明计者心解，可不须用算；至心信道者，发自至诚，不须旁人自劝。

善于计算的人，心灵感应，不需要算计。不需要用起卦的工具，心里一下就明白了。善于计划的人心算就可以了，诚信大道的人，发自内心的赤诚，不需要别人劝。诚恳的心是通天的，他说什么都会是真的，根本不用别人来劝，本来就是真的。

善于关闭的人，不用门闩，门也会关得好好的，他的心就是门闩。

原典：善闭无关键，不可开。

——《道德经·第二十七章》

《注》：心三川，阳邪阴害，悉当闭之勿用，中道为正。至诚能闭邪志者，虽无关键，永不可开；不至诚者，虽有关键，犹可开也。

心就像三川的水，总是一念接一念，念头像水流一样不间断。应该把念头关起来，不动念，把心空掉。"中道为正"就是以道为标准。至诚的人，能避邪念，一般人的念头无休止地冒出来，但一个至诚的信大道的人，就有力量管住杂念，管住一念接一念的胡思乱想，诚恳心就是本性，本性有力量管住后天意识。"虽无关键，永不可开"，是讲至诚能封闭邪念，虽然没有钥匙，也不需要打开。但不至诚的人，诚恳的心没出来的人，即使你拿一把锁锁住他也不行。

善于捆缚的人，没有绳索，不需要解开。

原典：善结无绳约，不可解。

——《道德经·第二十七章》

《注》：结志求生，务从道诚。至诚者为之，虽无绳约，永不可解。不至诚者，虽有绳约，犹可解也。

一心求长生，务必遵从道的劝说。至诚的人即使没有绳索的约束，也不会懈怠。不至诚的人，就算用绳子捆上，还是会有懈怠的行为。真诚向道的心出来了，不需要你用绳子去约束他，他自己就把自己约束好了。心不诚的人，即算拿绳子捆着他，让他诚恳点，他的心也会跑走，也会懈怠，他根本不当回事。所以你看这几个善，是在讲诚恳心的作用，诚恳心是很好用的。

元神所到之处，自动救人，没有遗漏。

原典：是以圣人常善救人，而无弃人。

——《道德经·第二十七章》

《注》：常为善，见恶人不弃也，就往教之，示道诚。说其人不化，不可如何也。

经常行阳善，见了阴气重的人也不嫌弃，就去教化他，给他讲道劝告。假如不可教化，那就算了。

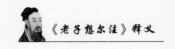

自动救物，没有遗漏。

原典：常善救物，而无弃物。

——《道德经·第二十七章》

《注》：与上同义也。

与上文是一个意思。

元神用光接触万物叫袭明。

原典：是谓袭明。

——《道德经·第二十七章》

《注》：袭，常明也，能知此意，明明也。

"袭"是常明的意思，能理解此意，就是一个有光的人。圣人常救人不弃人，常救物不弃物，为什么呢？因为他是袭明。金丹的光有亿万的光芒、亿万的小光点、亿万的分光。圣人用光救难，光所到之处是山河一片红。光一去，所有的地方就会被光照到。所以，不管救人救物都不会有遗漏，这就叫袭明。袭就是放光，圣人救人，就是元神、金丹放光，不会有遗漏。

善人是恶人的老师。

原典：善人不善人师。

——《道德经·第二十七章》

《注》：不善人从善人学善，故为师。终无善人从不善人学善也。

不善的人向善人学行善，所以善人做老师。不会有善人向不善的人学习行善的道理。

恶人是善人成就的资本。

原典：不善人善人之资。

——《道德经·第二十七章》

《注》：善人无恶，乃以恶人为资；若不善人见人，其恶不可，善人益自勤劝。

"善人无恶，乃以恶人为资"中的"为资"就是作为反面教材的意思。"若不善人见人，其恶不可，善人益自勤劝"，是讲善人见到了恶人，善人应该想：这就是反面教材，这个错我不能犯，要引以为戒。"善人益自勤劝"就是反思、劝解，自己劝诫自己不要犯他这样的错误。善人没有阴气，会以阴恶之人作为反面教材。如果不善的人见到了善人，意识到不可以为恶，善人会更加自我勉励。

不以真师为尊贵，不以魔来助道而爱魔，自以为明智，其实糊涂。

原典：不贵其师，不爱其资；虽知大迷。

——《道德经·第二十七章》

《注》：不善人不贵善人，善人不以恶人自改，皆为大迷也。

恶人不知道把善人当作老师，善人不知道把恶人的错误引以为戒，不能

141

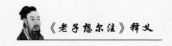

这样做的话都是大错。这讲的是"涤阴转阳"。纯阳是怎么来的呢？靠你不断地去掉阴。为什么要不断地反思，不断地管自己，不断地把自己的错改正，因为这是朝着阳光大道前行。如果你不反思，不知道自己错在哪里，把阴气都留住了，你永远成不了纯阳。不知道反思等于藏污纳垢，就像警察抓小偷，你不能任由小偷在这里，你应该及时地抓住他，就是这个意思，随时消阴转阳。

很重要的道妙就在其间。

原典：此谓要妙。

——《道德经·第二十七章》

《注》：明知此甚要妙也。

明白这个道理是紧要、玄妙的。

这一章讲巧用。第一，善行、善言、善计、善闭、善结这"五善"是高智慧。第二，袭明，光是高智慧，救人救物，在无形中做好事。第三，随时反思，随时纠正自己的错，才能跟纯阳这个光相匹配。以上就是巧用这一章的意思。

第二十八章　反朴

反朴这一章我认为写得特别美，知道这样，常德怎么样；知道这样，常德怎么样，一对一对地写下来，特别和谐。

知道雄的强勇，却安守雌的柔和，像溪水一样处下。

雄和雌是两个东西，你知道了雄的一面，你站在雌的这一面，讲的是元神的整体思维。

原典：知其雄，守其雌，为天下奚。

——《道德经·第二十八章》

《注》：奚，何也，亦近要也。知要安精神，即得天下之要。

奚是何，接近要的意思。知道最要紧的是保精爱神，就得了天下最重要的东西。一个雌、一个雄，你知道这两个东西，能够抱一，能够守住道，这个是要害，守住精，保住神光，人会长寿，心光还能长生。

真常不离，恢复先天如婴儿。

原典：常德不离，复归于婴儿。

——《道德经·第二十八章》

《注》：专精无为，道德常不离之，更反为婴儿。

无为保精，身心不离道德，就会返老还童。阴阳合一、雌雄一体了，阴阳合一就是先天一炁，先天一炁得了以后，一得永得。遍虚空的先天一炁，

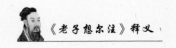

永远哺育你的灵光，叫"常德不离"。你得了恒常的大道能量，先天一炁不离身，返老还童，恢复婴儿的状态，更重要的是恢复天真的童心。

知道白，守在黑，为天下的法则。

原典：知白守其黑，为天下式。

——《道德经·第二十八章》

《注》：精白，与元炁同，同色。黑，太阴中也，于人在肾，精藏之。安如不用，为守黑，天下常法式也。

白指精，"精白，与元炁同，同色"讲的是颜色相同。"黑，太阴中也，于人在肾，精藏之。安如不用，为守黑，天下常法式也。"讲的是安静地不用肾精就是守黑，就是天下的法则。刚才我们讲太阴炼形，"太阴中也，于人在肾"，人的元精虽然在肾，但实际上在肺金，对应白色。金生水，水、精气是金生出来的，金是母。元气是透明的光，光是人的元精发动以后化出来的。"为天下式"就是这个意思。

贷是别人的，跟别人借的叫贷，"常德不贷"讲的就是自身阴阳。自身阴阳合一，形成了光，人的心光、脑光、顶光、背光，各种光归于无极，归于自然。自然是无量的光能量海。

原典：常德不贷，复归于无极。

——《道德经·第二十八章》

《注》：不从人贷，必当偿之，不如自有也。行《玄女经》、龚子、容成之法，悉欲貸；何人主当貸若者乎？故令不得也。唯有自守，绝心闭念者，大无极也。

知道守黑的人，道光常在，不需要从别人那里借，拿了别人的毕竟要还，不如自己有。行《玄女经》、龚子、容成之法，都是想借贷，俗人的阴浊之气，怎么可能借贷给你一点灵光那样干净的纯阳之光呢？所以总是借贷不到。自身的阴阳足够了不用外借，绝心闭念者，得无极大道。干净的光来自干净的心灵，把心收拾自然了，才能得虚无的先天一炁。

不是向人借的，是你自身有的，借也借不来，借也是假的。只有你自身有了以后，你绝心闭念，没有念头，意大定，凝定得很深，你自己就能够得，根本不用借贷。"复归于无极"就是得无极大道，无极大道就是一，就是本源。你自己得了这个，你的光才能进入本源。如果是你跟别人借的，那就不是老天的天光，那是脏的，老天的天光是非常干净的。

知道荣能守辱，人就会虚怀若谷。

原典：知其荣，守其辱，为天下谷。

——《道德经·第二十八章》

《注》：有荣必有辱，道人畏辱，故不贪荣，但归志于道，唯愿长生，如天下谷水之欲东流归于海也。

有荣必有辱，道人畏辱，所以不贪荣，只有归道的志向，唯独愿意长生，像山谷里的水奔入大海一样。这讲的是"虚怀若谷"。

能虚怀若谷，心光法身的德能量才能深厚。德能量深厚了，复归于生命最初的本朴。

原典：为天下谷，常德乃足，复归于朴。

——《道德经·第二十八章》

《注》：志道当如谷水之志欲归海，道德常足。朴，道本气也，人行道归朴，与道合。

向道的志向像山谷里的水奔入大海一样，道德能量的电感总是充满全身。朴就是道体，人行道归于本朴，就与道相合了。虚怀若谷以后，就是"常德乃足，复归于朴"。讲了三个知：第一个，知雄守雌，知阳守阴，然后就"常德不离，复归于婴儿"；第二个，知白守黑，就复归于无极；第三个，知荣守辱，虚怀若谷就是无心，什么都不挂着，虚怀若谷了，就"常德乃足"。德是怎么长的？德是无心长的，不管好坏，什么心都没有，虚怀若谷，根本就不当回事，就叫"天下谷"。虚怀若谷以后，无心了德就足了，总说德要积得厚，德薄的话道行是行不了的。以德入道，以德来行道，若是德薄的话道是行不了的。

德是怎么积的呢？"天下谷，常德乃足"，心能够虚，能够无心，没有好心、坏心、纠结的心，什么心都没有，这个就积德，德就会积得很足，德够厚了，才能归于朴，朴就是根本。如果德薄的话，归于本朴是归不了的，本朴是需要德光能量的，需要你有很厚实的德光能量，才能归于人之大朴。

德一之炁未散叫朴，散开了叫器。元神用道器，则有统治力。朴就是最原始的道的能量，如果做一个工具，它就散了。就像牛奶，刚挤出来的奶很厚重，一掺水牛奶就变得稀薄了。"朴散为器"，本朴的能量，如果成了一个东西，淳厚的能量就分散了。

原典：朴散为器，圣人用为官长。

——《道德经·第二十八章》

《注》：为器，以离道矣，不当令朴散也。圣人能不散之，故官长治人，能致太平。

"为器，以离道矣，不当令朴散也。"道的本朴的能量，做成一个有形的东西了，本朴的能量已经散发开了，离开道了。"不当令朴散"讲的是修道的人不应该让本朴散开，而应让它凝聚不散。"圣人能不散之，故官长治人，能致太平"，普通人是不懂的，他们只知道有形，但是圣人知道有形是本朴无形变出来的。因为他一心向道，心里只有道，只有本朴，他能够使有形的工具中的本朴不散。牛奶兑水就稀了，圣人一心向道，他有本朴的道体能量，添水也是没添水，这就是圣人的本事。"圣人能不散之，故官长治人"，讲的是用道的工具来治理天下，天下就可以太平。也就是说你用道，用大道本源的高级能量来治理天下的话，肯定会治理得特别好。圣人和俗人不同，圣人的光与无极本源融合了，虽然已经形成了物质，但是道光的化生功能依然保留在物质上。比如一幅画，已经是一个既定的物质。但是吴道子级别的画家，他所绘制的画是活的，画中人物面对不同的观众，会化生出不同的高维空间的仙人形象，根据收藏者当下的身心需求度人，这就是"圣人能不散之"的意思。

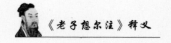

用大道治理天下，不用割裂，大道能以一治万。

原典：是以大制无割。

——《道德经·第二十八章》

《注》：道人同知俗事、高官、重禄、好衣、美食、珍宝之味耳，皆不能致长生。长生为大福，为道人欲制大，故自忍不以俗事割心情也。

得道的人了解世俗那些事，高官、厚禄、锦衣、美食、珍宝都不能使其长生。长生是大福，得道的人要得这个，所以自我抑制，不让俗事烦心。

俗人所追求的东西都不能长生，长生是很伟大的智慧和成就，修道的人是要得最大的智慧、最高的成就，所以他不会被那些俗事分散注意力，分散精气神，他对那些东西也没兴趣，他一心就是守清静，守清静入大道。什么叫大制不割？从修道的角度就是说，只有一心，才不会浪费精气神。

这一章讲反朴，反朴讲的是淳风，怎么返回淳风呢？第一，天下奚，天下的要害；第二，天下式，天下的法则；第三，天下谷，虚怀若谷，德就积足了；第四，归于朴，就是归于本。天下是整体、共性的意思，抓住共性，个体就都好了。"大制不割"，是讲共性建设好了，个性就会变好。因为每个个性中都含有共性，一个一个治理太难了，以天下的共性治理个性，就会容易得多。

第二十九章　无为

人放下有为，光才会无为无不为地运作。

无为是修道的自然法则，大道的能量是很大的，如果你想控制这个能量肯定是不行的。

原典：将欲取天下而为之。
——《道德经·第二十九章》

《注》：狂或之人，图欲篡弒，天必煞之，不可为也。

狂惑之人，妄图犯上作乱。天必杀之，不能这样做。

我的看法，不得不做的才有为地做。比如修清静心，是要努力的，不努力是不行的。

原典：吾见。其不得已。
——《道德经·第二十九章》

《注》：吾，道也。同见天下之尊，非当所为，不敢为之。愚人宁能胜道乎？为之，故有害也。国不可一日无君。五帝精生，河雄着名；七宿精见，五纬合同。明受天任而令为之，其不得已耳。非天下所任，不可妄庶几也。

吾指道。同样见到天下之尊，不恰当的就不能做、不敢做。蠢人难道比大道还高吗？蠢人敢做，毕竟大害加身。想控制老天的能量，是绝对不可能的。

道是天下第一尊贵的东西，那是不能为、不敢为的。愚人岂能胜过大道的智慧，驾驭大道的能量。所以，有为一定有害。天道是最高的，也是最尊贵的，如果有人胆敢违背天道，肯定是不可能的。一个愚蠢的人，怎么能同天道和大智慧抗衡呢？这简直就是笑话。

国家不能一日无君。君王的出现有上天垂象，五帝的精生，河雒的着名；七宿精见，五纬合同。君王是天所选，不得已被天选中。"五帝精生，河雒着名"，五帝讲的是东、西、南、北、中的五行之气，"五帝精生"讲的就是五行。"河雒着名"讲河图洛书是古代的星象图，星象图里会有天子的名字，比如选了这个人当君王，古代的书里会有他名字的记载，这不是偶然的，是必然的，是一个很深厚、玄妙、看不见的东西，绝不是人们想象的那么简单。七宿是七星，"七宿精见，五纬合同"，讲的是天上的星星由各种各样的象显现出来。"非天下所任，不可妄庶几也"，讲的是天子是天选出来的，不是人选出来的，人不要胡作非为，因为一定会失败。为什么要无为？这是天道，一个很大的东西，人不能胡作非为，只能顺从天意。

人是最有灵性的神器，不可以有为治之，有为必败，强行控制必然失去。"天下之神器"讲的是天道，是光，神就是光的意思。是天光的运作，光是很玄妙的，所以"为者败之，执者失之"。作为一个人，你只有领悟和顺从，不要想操纵，你想着怎么做一定会失败。

原典：天下神器不可为；为者败之，执者失之。

——《道德经·第二十九章》

《注》：非天所任，往必败失之矣。

历史证明，不是天选之子，是注定会失败的。假如这个人胡思乱想，想谋权位，但他不是老天选的，即使篡位也会失败。老天根本不会让他得逞，不会让他夺天子之位。

万物是上行下随。

原典：夫物或行或随。

——《道德经·第二十九章》

《注》：自然相感也。行善，道随之；行恶，害随之也。

自然相互感应。行阳善，道随之；行阴恶，灾难随之。天道的法则规律是自然规律，是按自然运行的。"或行或随"讲的就是感应，你感应到了纯阳，好事就来了，感应到了阴气，灾难就来了，讲的是事物的因果关系。

或者吸，或者吹。

原典：或嘘或吹。

——《道德经·第二十九章》

《注》：嘘温吹寒，善恶同规，祸福同根，虽得嘘温，慎复吹寒，得福，慎祸来。

就像嘘气感觉温暖，吹气感觉寒冷一样，阴阳同规，福祸源自一个根本。所以，虽然得到了嘘气的温暖，还要谨防吹气的寒冷，得了福还要谨慎祸的到来。阴阳是对立的，也是同出一个根本，同出一个本源的，是这样的规律。你得了这个，那个就跟着了，你得了阳，阴也就随之而来了，两者是这样的关系。所以说你就要谨小慎微，得了暖的时候，一定要对冷做好防范措施。你得了福，老天给了你福报，与此同时也要警惕和避免灾难的到来。你只想到了一面，没想到另一面会如影随形。所以抱一为天下式，高的、低的都要包容，都应该把它涵盖起来。也就是说阴阳是一个颠来倒去的东西，你现在要把阴阳包容为一，不会随之颠来倒去，就是这个意思。

或强或弱。

原典：或强或羸。

——《道德经·第二十九章》

《注》：**强后必更羸，羸复反更强，先处强者，后必有羸。道人发，先处羸，后更强。**

强后必然是弱，弱后再次变强。先处于强的人，后来变弱。得道之人的作为，先弱后更强。"羸"是弱的意思。作为一个修道之人，一个得道之人，他的状况是什么，先处弱，然后变强，是这样的一个发展过程。

或成功，或失败。

原典：或接或随。

——《道德经·第二十九章》

《注》：**身常当自生，安精神为本，不可恃人，自扶接也。夫危国之君，忠臣接之，不则亡。夫病人，医至救之，不制则死。**

身体经常自生能量，安顿精神为本，靠自身的阴阳，不需要别人。国难当头的君王需要臣子的扶持，不然就会灭国；病人需要医生来救，不救就会死亡。

"身常当自生，安精神为本，不可恃人，自扶接也。"讲精气是根本，你守住了精神，精气这个根本，你要自己自生，精气是你自然自动升起来的，而不是靠别人，靠别人元精发动了是不对的，要靠自我扶持。身体经常自生能量，自我发电，元神的光靠电，才能安顿精神，给自己的神光喂饭，就是自身自然发出高生物电，那才是根本，靠自身的阴阳，不需要别人。

"夫危国之君，忠臣接之，不则亡。夫病人，医至救之，不制则死"，是讲国家有难了，如果忠臣不挺身而出，这个国家就会灭亡。如果是一个病人，一定要医生来救他，医生不给他治病的话，他就会病死。"或接或随"是讲一个自强不息的人，不需要别人扶持，就像一个健康的人不需要医生医治。你一定要健康，一定要自强不息，一定要强大，不要靠别人来给你治。"或接或随"是这样理解的。

元神去掉过分、奢侈、恭维。

原典：是以圣人去甚去奢去泰。

——《道德经·第二十九章》

《注》：去甚恶及奢太也。

去除阴气和过度奢侈，就是去掉那些多余的。

这一章讲无为。第一，有为肯定得不到。天下之神器为者必败。第二，有为必败，有为不行。第三，顺其自然。为什么要无为？因为道光运作的规律，你只能去领悟它，只能是顺从它，顺其自然，因为它很大，是一个看不见的总体的大化，一个大的控制，一个大的转化，它是这样的一个东西。一个小小的人，你根本不可能去控制它，你只能顺着它，所以必须无为。你要不能遵守无为，要这样，要那样，不知东南西北，早就晕头转向，就会被它给抛弃。

第三十章 俭武

俭是节约的意思，要节约武力，大道的能量很大，得道之后，有一种很大的能量，如果不明心见性，很容易适应不了。这种大的能量和阴性的思想、贪欲结合，就会成为一个大魔头，《西游记》中所谓的狮驼岭，修道到了第八十几回，到了狮驼岭就走不上去了，被打败了。人得大能量被它所控制了，或者被它异化了，人就糊涂了。狮驼岭讲的是骄傲，人为什么要骄傲？因为他有大能量，他不得不骄傲。但是一个明心见性的人就知道这是一个大害，要警戒大害，要把它转化。所以第三十、第三十一章，一个俭武、一个偃武，偃就是躺倒的意思，讲的是你要节约，你要让它休息，你要警惕，不要被异化。

修道的人一定不要用有为法强制修身。

原典：以道佐人主者，不以兵强天下。

——《道德经·第三十章》

《注》：治国之君务修道德，忠臣辅佐务在行道，道普德溢，太平至矣。吏民怀慕，则易治矣。悉如信道，皆仙寿矣，不可仗兵强也。兵者，非吉器也，道之设形，以威不化，不可专心甘乐也。道故斥库楼，远狼狐。将军骑官房外居，锋星修柔去极疏，但当信道，于武略耳。

治理国家的君王务必修道，辅佐的忠臣务必行道，道德充满天下就会天下太平。臣民都敬仰道德，则容易统治。如果都信道，那就会都得无量寿。不可以依赖强大的兵力，兵器不是吉祥的器物。道发明兵器，是威吓那些顽固不化的人，君王不应该对兵器乐此不疲。所以，道斥逐兵器，远离兵事。只需要一些威慑而已，远离凶兵煞气，只是奉守道德，武力可以忽略不计。

　　"治国之君务修道德，忠臣辅佐务在行道，道普德溢，太平至矣。"讲的是一个君王要懂道、要明白大道的道理，用大道治理国家，你的臣子来帮助君王，来辅佐君王的时候，实际上你是悟道的，具体底下干活的人是行道的，他是在道中运行的。如果是这样的话，道就得到了普及，因为道是自上而下转化的。得道了，底下的人就顺着像风一样，从上到下就全部被道转化了，这是很容易的。道的治理是很容易的，如果大道普及、大道盛行的话，一定是天下太平，国家和社会一定会被治理得很好。

　　"吏民怀慕，则易治矣。"讲的是如果君王是一个信道的人，其臣子、臣民都会效仿，这个国家就会非常容易治理，大家万众一心，都怀着一颗诚恳的本朴之心，一颗真诚的心，就会感天动地，老天一定会给你奖励。

　　"悉如信道，皆仙寿矣，不可仗兵强也。"是讲大臣和百姓如果都信真道就都能得长生。不可仰仗强大的兵力，不要用武力管人，要用道来管人，这样人人都可得长生，人人都是道德模范，人人都是由衷真诚的。

　　"兵者，非吉器也。"讲的是武器不是吉祥之物。"道之设形，以威不化"，讲的是大道发明了武器，发明武器是干什么用的？是虚用的，用武器的威慑力，就把这个问题解决了。大道发明武器是虚用的，"不可专心甘乐也"，你不能因为有强大的武器，就乐于去用这些武器，这样就错了。"道故斥库楼，远狼狐"，是说大道对兵器、武器、弹药库是远离的，远离战争、远离兵事。

　　"将军骑官房外居，锋星修柔去极疏。"讲的是一个君王有一些护卫军，保护其基本安全就足够了。用大道治理，根本不用动兵，只要保证基本安全就行了。远离煞气，远离战争和兵器，只要信奉大道，武力可以忽略不计。

　　"但当信道，于武略耳"，是讲一个信道的人，知道道的威力有多厉害，根本不需要使用武器。

用了就会有坏结果。

原典：其事好还。

——《道德经·第三十章》

《注》：以兵定事，伤煞不应度，其殃祸反还人身及子孙。

用武力解决问题，控制不了伤害的程度，前人杀人的恶果，会殃及子孙。什么叫"其事好还"呢？如果你用兵的话，你杀人，你说战争是正义的，邪恶的就该杀。好，虽然在当时你是这样想的，正义在你这边，但是你不懂，"其事好还"讲的就是用兵这件事。"以兵定事，伤煞不应度，其殃祸反还人身及子孙"，讲的是打仗杀人，比如拿枪打死了人，这个伤害是没有分寸的，这种煞气是没办法掌握的，这件事是有因果的。某人是明朝武将的后代，但是到他这一代时已经有四代人夭折，全在 40 多岁死于肺病。肺藏魄主煞气，祖先的煞气殃及子孙，后边的恶果会报应到子孙的身上。"其事好还"是说如果你用兵的话，这件事是会反噬的。这个东西是有结果的，是有恶果的，做事不能顾前不顾后，前后都是你的事，对你自己负责，也不能动武。

强迫用人力干涉哪里，哪里就会生灵涂炭，就像打过仗一样。战争之后，必有凶年，天应之恶气，害五谷。

原典：师之所处荆棘生。

——《道德经·第三十章》

《注》：天子之军称师。兵不合道，所在淳见煞气，不见人民，但见荆棘生。

天子的军队称为师，用兵与道不符，军队所到之处尽显煞气，看不见百

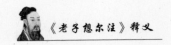

姓，只看到荆棘丛生。军队所到的地方长的都是野草，根本不长庄稼。战争开始以后的煞气让庄稼无法生长，战争结束之后必然是灾荒之年，为什么是灾荒之年？因为煞气太重了，庄稼都不长，人也活不了了，都逃难去了。

善于用兵的人，只要目的实现就行了，用兵不是为了逞强。

原典：故善者果而已，不以取强。

——《道德经·第三十章》

《注》：果，诚也。为善至诚而已，不得依兵图恶以自强。

果是诚的意思。行善至诚而已，不能仰仗武力作恶使自己强大。"为善至诚而已，不得依兵图恶以自强"，就是说你要征服别人，靠的是大道，靠的是自己的真诚，靠至诚感动大道，感动天地，你就有一股巨大的力量，你就可以克服困难。你以为用兵就强大了吗？真正的强大是至诚的心感动天地，有天地的能量帮助你，什么困难都能战胜。

不自夸。

原典：果而勿矜。

——《道德经·第三十章》

《注》：至诚守善，勿矜身。

至诚守善，不要把肉身看得过重。

不自傲。

原典：果而勿伐。

——《道德经·第三十章》

《注》：至诚守善，勿伐身也。

至诚守善，不要伤身。

即便目的实现了，也不自大。

原典：果而勿骄。

——《道德经·第三十章》

《注》：至诚守善，勿骄上人。

"至诚守善"讲的是不要对长辈不敬，"勿骄上人"讲的就是尊老，对老人尊重。忠诚君王、孝敬父母的忠孝，是至诚本善，是人的纯朴、本能、本善的内涵，你要守着至诚、纯朴、本朴、真诚，不要忘了这些，这些既是最重要的，也是最有利的。你应该忠诚于自己的国家、君王，孝敬自己的父母，不要忘本，这样才不会做错事。

得到这种结果好像是不得已的事情，不要逞强。

原典：果而不得已，是果而勿强。

——《道德经·第三十章》

《注》：至诚守善，勿贪兵威。设当时佐帝王图兵，当不得已而有，勿甘乐也，勿以常为强也。风后佐黄帝伐蚩尤，吕望佐武王伐纣，皆不得已而为之耳。

"至诚守善，勿贪兵威。设当时佐帝王图兵，当不得已而有，勿甘乐也，勿以常为强也。风后佐黄帝伐蚩尤，吕望佐武王伐纣，皆不得已而为之耳。"讲的是用兵的时候都是不得已的，什么叫不得已？那就是自然安排的，是大道安排的，是老天安排的，不要以为你自己怎么样，不要试图用武器来壮大自己。打仗用兵都是老天安排的，你一定要清楚自己的位置，要知道高低。历史上那些有名的战争都是不得已的，绝对不是逞强，非要怎么样，那样的话就不合道了，不合道根本就赢不了。战争就是大道的安排，是老天的安排，你一定不要以用兵打仗、杀人为乐。

草木壮极则枯落，人壮极则衰老。枯老者，生不行道，不行道者早死。

原典：物壮则老，谓之非道，非道早已。

——《道德经·第三十章》

《注》：闻道不能行，故老，老不止，早已矣。

"闻道不能行，故老，老不止，早已矣。"就是说听到了道的理论，但是不照着做，就会衰老，衰老不止就会死。

这一章讲俭武。第一，不能用兵；第二，用兵是会还恶的，你用了煞气，这个煞气是会还回来的；第三，四个"果而"；第四，强壮则老。

俭武是节约的意思，你不要动强，兵代表煞气，代表阴气，强是不能用的。四个"果而"，是说实在没办法不得已才用。用了强，用完的结果就是死，用兵就相当于用强。道是柔，用柔才会有无限大的力量。用强，用完就死，强反倒是没有力量的。这里就是讲的用兵之事。

第三十一章　偃武

偃是倒的意思，偃武是讲把用武力这件事彻底放弃。

掠夺人灵性精华的恶行，遭人厌恶，为君子不耻。

原典：夫佳兵者，不祥之器，物或恶之，故有道不处。

——《道德经·第三十一章》

《注》：兵者非道所熹，有道者不处之。

"兵者非道所熹，有道者不处之。"讲的是用兵杀人的煞气是阴气，大
道喜欢阳气，不喜欢阴气。因为阴气等于死亡，大道贵生贱死，是讨厌死的，
所以用兵就不合道，修道之人永远不要用武力，不要去逞强。好多武侠小说
里写学佛修道，基本上都是打打杀杀，这就是不合道。

君子居贵阳生之左，用兵贵右主杀。

原典：君子居则贵左，用兵则贵右。

——《道德经·第三十一章》

《注》：左、右，契也。

左、右就是指左契、右契。左是阳，右是阴，用兵就是阴气、煞气，修
道之人不喜欢用兵。

兵器是不祥之器，不是君子之器。

原典：兵者不祥器，非君子之器。

——《道德经·第三十一章》

《注》：**重明其凶事也。**

重申"其凶事也"，再次强调用兵是凶。

不得已而用。

原典：不得已而用之。

——《道德经·第三十一章》

《注》：**前章已说之也。**

前章已经讲过。

恬淡自然，不以用武为美。

原典：恬淡为上，故不美。

——《道德经·第三十一章》

《注》：**道人恬淡，不美兵也。**

道人恬淡自然，不会赞美兵事。战争发生了，即使杀了人也要很淡然。"不美兵也"，讲的是不要因为杀人了就高兴。现在俗人就了解这些，一说打仗赢了就特别高兴。其实你站在阴气、阳气这个角度来说，杀人了，煞气重了，这是一件坏事，你怎么还高兴呢？不要以为杀人了、胜利了你就怎么样，其实你的麻烦很大。

用兵胜了也不要得意，得意就是喜欢杀人的恶人。喜欢杀伐的人一定偏离本性，不可能返璞归真。

原典：若美，必乐之，是煞人。夫乐煞者，不可得意于天下。

——《道德经·第三十一章》

《注》：明乐兵乐煞不可也。

"若美，必乐之，是煞人。"这是阴气，这是煞气。杀了很多人，煞气这么重，不同的生物在这个空间里生活，把生命的阳气都给压住了，连庄稼都不长。如果喜欢杀人这件事，那就大错特错了。

"夫乐煞者，不可得意于天下。"杀了很多人，制造了很多煞气。你以为你打仗赢了，但是这种煞气不可能得人心，所有的生命都有生存的愿望，一旦战争发生，许多生命都活不了了，众生的心愿被违背了，肯定是不行的，肯定会受到惩罚。

阳气足就会有好事发生，阴气足就会有坏事发生。

原典：故吉事尚左，丧事尚右。

——《道德经·第三十一章》

《注》：左、右，契也。

左、右是指左契、右契。左为阳，右为阴。好事是阳的，是左边的；坏事、丧事是阴的，是右边的。

阳气足的偏将军居左，阴气足的上将军居右。太极图左为阳，右为阴。

原典：是以偏将军居左，上将军居右。

——《道德经·第三十一章》

《注》：偏将军不专煞生之权，像左；上将军专煞，像右。

偏将军主生气，就像左边的阳魂；上将军主煞气，就像右边的阴魄。"偏将军不专煞生之权，像左；上将军专煞，像右。"讲的是人的魂和魄，魂是阳，阳不主杀的事，它管生的事，所以在左；魄是阴，魄是管煞气的，所以在右。

用法术杀害了灵性生命，也要给其举行葬礼，要感到悲痛，要将其安葬，尽力将其度化。

原典：言以丧礼处之。煞人众多，以悲哀泣之，战胜，以丧礼处之。

——《道德经·第三十一章》

《注》：不得已而有者，辄三申五令，示以道诚，愿受其降。不从者当闵伤悲泣之，如家有丧勿喜快也。

"不得已而有者，辄三申五令，示以道诚，愿受其降。不从者当闵伤悲泣之，如家有丧勿喜快也。"讲的是在不得已要消灭敌方的时候，首先你应该劝降，而不是马上就动武，你应该把大道的道理告诉他，让他自愿投降，如果他还不投降的话，你应该很伤心，你不要把杀人当喜事，这是不行的。

杀人杀得太多了，你应该为这个煞气而悲伤，这种煞气在无形中把很多生命的生存权剥夺了，对此你要有一颗悲悯之心。"以悲哀泣之，战胜，以丧礼处之"，给被你杀了的人举行葬礼，向他道歉。

这一章讲偃武，偃武的意思就是放弃武力。第一，兵者，不祥之器；第二，尚阳不尚阴；第三，不忘慈悲心。你要知道煞气是件坏事，是杀生，把很多的生命都杀了。这是很令人痛心的事，老天给一点灵光让不同物种共生，但因为有煞气很多生命都结束了，所以你要有慈悲心，要有悲悯之心。

第三十二章　圣德

圣德讲的是圣人的德性。

道虽然质朴却无名。

原典：道常无名。

——《道德经·第三十二章》

《注》：**不名大，托微小也。**

无限大的道，不称大，把自己寄托在微小的事物上。

朴虽然小，天下人都会向其臣服。

原典：朴虽小，天下不敢臣。

——《道德经·第三十二章》

《注》：**道虽微小，为天下母，故不可得臣。**

道虽微小，却是天下生命之源，它是万物之母，所有人都趋于它，都服从它。

王侯若能守道无为，万物将自动臣服。

原典：王侯若能守，万物将自宾。

——《道德经·第三十二章》

《注》：人不可以贵轻道，当之，万物皆自宾伏。

人不应该把贵看得高于道。遇见了道，万物都会自动臣服。"人不可以贵轻道，当之，万物皆自宾伏。"讲的是你不要认为你是王侯，你有很尊贵的地位，就把大道给轻贱了。你看不起大道，贬低它、轻贱它，这是错的。如果你真的明白，就会知道只有道才是最尊贵的，你信道之后，"万物皆自宾伏"，天下就自动归顺了。这讲的就是自然无为大道。

真阴真阳合一，真火变真水，甘露下降。

原典：天地相合，以降甘露。

——《道德经·第三十二章》

《注》：王者行道，天地熹，滋泽生。

帝王行道，天地都会高兴，润泽群生。"天地相合"，真阴是天，真阳是地，人体的天，人体的地，人体的天地真阴真阳结合了以后，真阳之火变成真阴之水，真阴真阳合一形成阴阳混一的金丹之光。入道的关键是人体的天地合一，一切就会自然地发生，全自动地发展，这是自然的开关、自然的脉搏。但是，数千年以来，无数好道的人，找不到这个开关，八万四千法门，也打不开这个开关。为什么？因为都没有悟明白道就是根本，抓住根本，就抓住了一切。学道不过是掌握抓住本质的能力，按照根本而活着，才能活对、活好。

"王者行道，天地熹，滋泽生。"讲的是一个君王如果懂道、行道的话，天地就会很高兴，就会普降甘露。天地降甘露，看似滋润了土地，滋润了植物，其实不是，它是对整体的滋润。圣人的德行，是佛光普照，全方位地施予正能量。

一切都是自然发生的。

原典：民莫之令而自均。

——《道德经·第三十二章》

《注》：王者尊道，吏民企效，不畏法律，乃畏天神。不敢为非恶，皆欲全身。不须令敕而自平均。

"民莫之令而自均"，是讲你不用命令他，自动就治理好了。"王者尊道，吏民企效"，是说官吏和百姓都会效法君王去遵守大道。"不畏法律，乃畏天神"，是说不怕法规，敬畏天，敬畏天威。"不敢为非恶，皆欲全身"，是说所有的百姓都不会去做有阴气的事，为什么呢？因为他们要保全身，他们知道为善以后，一切就都好了，如果做恶的话，就会伤身，因此自动不去做恶事。"不须令敕而自平均"，是说不用你下敕令，天下自然就会和谐。

圣人散朴为器，因器制名。

原典：始制有名。

——《道德经·第三十二章》

《注》：道人求生，不贪荣名。今王侯承先人之后有荣名，不强求也，道听之，但欲令务尊道行诫，勿骄溢也。

得道的人求长生，不贪图荣誉。现在的君王继承的是先辈的荣誉，不是强求的。道予以认可，但一定要尊崇道诫，不要骄奢淫逸。

"始制有名。名亦既有，夫亦将知止。"就是说本朴这个德一能量，变成了一个物质，叫"散朴为器"。"因器制名"是说现在做出来的是一个碗，这个碗有一个名字。但是"名亦既有，夫亦将知止"，它是大朴德—能量化生出来的，这个东西有名了之后，你要知道止，不要顺着有形的东西去想，你的注意力要回到本来，回到大朴这个无形的能量。如果道气演变为了物质，你就忘了物质从哪里来，就是忘本。你如果顺着这个东西往下想，那你就错了，你要归本。无形的道是纯阳，化生出有形的物质，物质和道比较，就是阴气了。纯阳是本，阴气是末，不要忘本，本末倒置。但是，圣人不同，圣人散朴为器后，物质上还保有化生之机的纯阳能量，虽然无形变出了有形，有形的物质还具有化生万物的道的纯阳能量，在恰当的时机帮助有缘人。圣人做的东西是活的，这就达到了道境的艺术，是艺术中的极品。吴道子被誉为"画圣"，就因为他的画是活的。

"道人求生，不贪荣名。今王侯承先人之后有荣名，不强求也"，讲的是修道之人求的是长生，对功名根本不在乎。作为一个君王，如果你有了荣誉，这个荣誉不是你的，是前人留给你的，前人栽树后人乘凉，前人积累的福气，后人在享受。一个君王的荣誉，其实是他的父亲、祖父挣来的，所以不能强求。"道听之，但欲令务尊道行诫"，讲的是一个君王的荣誉，不是自己强求的，只不过是继承了祖先的荣誉，然后大道给予认可。所以你一定要尊道，遵从道的教诲，不要骄奢淫逸，不要认为君王的荣誉还不够，你不知道止，还想要更多的荣誉，或者不知天高地厚，很狂妄，骄奢淫逸，不尊重大道。

岂其徇名而忘朴、逐末而丧本哉。

原典：名亦既有，夫亦将知止。

——《道德经·第三十二章》

《注》：王侯承先人之后既有名，当知止足，不得复思高尊强求也。

"王侯承先人之后既有名，当知止足，不得复思高尊强求也。"讲的是你现在继承的是上一辈带来的荣誉，这个荣誉是大道认可的，你不要不满足，不要强求更高、更大的荣誉，这是不对的。你不懂事，不懂大道，不懂自然，不懂自然的规律和历史的规律，不要生妄想。

元神知止，所以没有危险。

原典：知止不殆。

——《道德经·第三十二章》

《注》：诸知止足，终不危殆。

知足知止，永远不会有危险。

道存在于天下，就像江海，一切河川溪水都归流于它，万物会自然归顺。

原典：譬道在天下，犹川谷与江海。

——《道德经·第三十二章》

《注》：道在天下，譬如江海；人一心志道，当如谷水之欲归海也。

"道在天下，譬如江海；人一心志道，当如谷水之欲归海也。"讲的是道在天下，就像江海，人一心向道，应当像山谷之水归大海一样。山谷里的水没有别的想法，一心向东流，一心归大海。你要明白荣誉是怎样一回事，不要稀里糊涂，强求还不知足。你如果想长久，想和谐安宁的话，就要信大道，不要强求荣誉，你一心信大道，就会给你带来长时间的和谐安宁。这些都是大道带来的，所以你要信道，你要行道，而不要强求荣誉。

这一章讲圣德，圣德指圣人的德性，这个圣人是谁？第一，无名之朴，这个朴就是圣人，朴是最高级的，德一能量非常充足之后才能够见到本朴。第二，真阴真阳合一，这个是自然，是自动化的。第三，有用了不要忘本。第四，归本永远安全。

第三十三章　辩德

能看清别人是智慧，能看清自己才是明白人。

原典：知人者智，自知者明。

——《道德经·第三十三章》

《注》：知平他人善恶，虽知不合道德，道人但当自省其身，令不陷于死地，勿平他人也。如此甚明矣。

能够判断他人的善恶，虽然知道他不合道德，但道人当自省，使自己不陷于死地，不要管他人的是非，他人是自己的镜子，这样做的道理是很明白的。

能战胜别人算你有力，能战胜自己才算强。

原典：胜人有力，自胜者强。

——《道德经·第三十三章》

《注》：好胜人者，但名有力也。自修身，行善胜恶，此乃强也。

好胜的人，只是名义上的勇武有力。自我修身、行善，战胜阴气，这才是强大的。

评论别人的善恶，不如自省，通过别人的错误自省，自我警惕，不要陷于死地，不要犯别人犯过的错误。"知人者智，自知者明"，讲的是你了解别人，那是次要的，关键是"自知者明"，明就是明心见性，见到光，见到本性之光，所以这四句话是一个连续的意思，重要的是了解内在。"胜人有力"是说你把别人战胜了，好像你有力，其实"自胜者强"，你不要把注意力放在

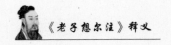

外面，要放在里面，把你自己变得强大，这才有用。

知足就是富。意志坚定叫有志气。

原典：知足者富。强行有志。

——《道德经·第三十三章》

《注》：道与谦也。道诚甚难，仙士得之，但志耳，非有伎巧也。

道与谦虚的人亲近。道的劝说是很难做到的，仙士听从道的劝说，志向坚定，并不是什么技巧。道的教诲是一件非常困难的事，但是得道的人喜欢这样，自然而然就会这样，他是出于自己的真心。一个人能够做到大道的教诲，这是很难的，因为人的后天意识，人的社会环境，人的真诚本朴，是很难做到的。但是得道的人为什么能做到呢？因为他喜欢，他自然而然就会这样做，他真诚的心很坚定，根本不需要什么技巧，所有的技巧对他来说都是无用的。"强行有志"，讲的就是志气的作用。

能常守真静，人性的来源道性，这叫不失其所，这样的人才会长久。

原典：不失其所者久。

——《道德经·第三十三章》

《注》：富贵贫贱，各自守道为务。至诚者，道与之；贫贱者无自鄙，强欲求富贵也。不强求者为不失其所，故久也。又一说曰，喜怒五行战伤者，人病死，不复待罪满也。今当和五行，令各安其位勿相犯，亦久也。

无论富贵还是贫贱，以各自遵守道的劝说为要务。"至诚者，道与之"，讲的是只要你诚恳了，真心出来了，大道一定会满足你的心愿。假如你的心根本就不在道上，不知道飘到哪儿去了，你的心根本就没有一个根，没有一个家，落不了脚，如果总是处于这种状态的话，那肯定是不行的。

"贫贱者无自鄙"，讲的是贫贱的人就是因为他积德不够，所以这一生才会贫贱。穷人也不用自卑，也不用强求富贵，因为那是强求不来的。"不强求者为不失其所"，你不强求，顺其自然，就可以了。

"不失其所者久"，讲的是人的本性之光来源于道光，人能清静就叫不失其所，这样的人才能长久。每个人的光是由道所生，回到道光里，跟大道融合为一，就像家一样，这样才可以获得长久。与源头相通，叫"不失其所者"。

还有另一种说法，"喜怒五行战伤者，人病死，不复待罪满也。今当和五行，令各安其位勿相犯，亦久也"。就是说五行冲突，一冲突人就得病了，"不复待罪满也"，人为什么会死呢？天曹右契，记录他所犯的错，他的错够多了，老天就把他收走了。如果你五行之气冲突了，自身金木水火土打起来了，身心乱套了，没等你罪过满的时候，人就已经先死了。所以说要和谐，就是五行相生，不要打架，不要有冲突，各安其位才能长久。

道成虽肉身死，形亡而光结，故寿而不死，灵性常存，叫死而不亡，常存于天地之外，包罗于万象之中，叫不亡而寿。

原典：死而不亡者寿。

——《道德经·第三十三章》

《注》：道人行备，道神归之，避世托死过太阴中，复生去为不亡，故寿也。俗人无善功，死者属地官，便为亡矣。

修道的人各方面因素都具备了，道光就来归身了。超越了生死，在阴极中，一点灵光再生，并且得了无量寿。俗人没有法身做功德，死了属于地官管辖，死了就真的死了。

"道人行备，道神归之，避世讬死遇太阴中，复生去为不亡，故寿也。俗人无善功，死者属地官，便为亡矣。"讲的是修道的人各方面积累善因足了，道光就归身了，灵光就超越了生死。在极阴当中一点灵光又重生了，所以他得了无量寿。"讬死遇太阴中，复生去为不亡，故寿也"，讲的是普通的人一死光就走了，所以就真的死了。但是一个修道的人，光积累得很深厚，光出去了，人好像睡着了，好像出不来气了，但实际上是光出去了，人并没有死，讲的就是这个状态。"遇太阴中，复生去为不亡，故寿"，是说之后光回来了，人就恢复正常了，讲的是跨越生死。生死这件事，光出来人就死了，光出来有一个假死的状态。光在死而后生，绝处逢生。它经历过死，然后它又可以重生。

俗人是怎样呢？俗人没有积累光，"俗人无善功"，无善功讲的就是积善成德—之光，光是有功力、有功德的。孙悟空拔下一撮毛一吹，变出许多小孙悟空，讲的就是每一个小光都是一个孙悟空，分神运化，是光的做事方式。俗人死了就真正死了，而得道的人死了只是他的光出去了，这个对他来说就是家常便饭，就是孙悟空所说的"一年我们也昏六七百回呢"，就是说一年中这个光六七百回地出去。"死而不亡者寿"，寿讲的是光的寿命，金丹的光，这个光是不死的。

这一章讲辩德。第一，自知；第二，自证；第三，守本；第四，得长生。光得长生，这就是辩德。

第三十四章　任成

任成是顺着他，任凭他做。

大道弥散于整个宇宙，左右着万物的盛衰，谁也操控不了。

原典：大道泛，其可左右。

——《道德经·第三十四章》

《注》：泛，广也。道甚广大，处柔弱不与俗人争，教人以诚慎者宜左契，不诚慎者置右契。

泛是广的意思。道广大无边，处柔弱不争，教导人们要谨慎行事。宜左契向善，谨慎行事，右契就是为恶、为阴。左契是阳的意思，如果一个人能够遵循大道去做，你得的就是阳。如果不听大道的话，不谨慎，你就会得阴。

万物依赖道而化生，大道却从不推却自己的责任。

原典：万物恃以生而不辞。

——《道德经·第三十四章》

《注》：不辞谢恩，道不责也。

大道不需要感谢的言辞，也不会责怪。大道养育了万物，但是它不需要感谢，你不感谢它，它也不会责怪你。感谢是嘴上的，是人心的客套，大道不需要客套，就看你是不是真心，你是真心就得道了，不是真心，客套是没用的。大恩不言谢，父母只是给了肉身，大道之母给的一点灵光，主宰人的

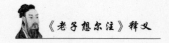

生生世世。大道的恩情是一辈子感谢不完的，所以说大恩不言谢。

功成了也不名其有功。为万物奉献也不看作自己的成绩，可以用微小来称呼它。

原典：成功不名有，衣被万物不为主，可名于小。

——《道德经·第三十四章》

《注》：道不名功，常称小也。

道不会显示自己的功名，常常以小自称。大道成就了万物，是万物之主，但是它根本就不会这样想。"道不名功"，是说它不会想自己有功劳，也不会想自己很伟大，它把自己称为小。道"常称小也"就是"可名于小"。

养育万物而不去主宰，让万物自然地生化，也可以称它为大。

原典：万物归之不为主，可名于大。

——《道德经·第三十四章》

《注》：归，仰也。以为生，既不责恩，复不名主，道乃能常大耳。

归是瞻仰的意思。生万物既不需要报恩，也不需要功名，所以道能保持强大。"以为生，既不责恩，复不名主，道乃能常大耳"，是讲它成就了一切，有很大的功劳，但是它根本就不这样想，更说明它很强大。

　　圣人法身始终不自大，无为无妄，谦虚谨慎，他根本没有大的概念，所以能成为真正的大。有大就有小，没大没小，只有一，才是真正的大。

　　原典：是以圣人终不为大，故能成其大。

——《道德经·第三十四章》

　　《注》：法道常先称小，后必乃能大，大者长生，与道等寿。

　　效法道，常常先称小，后来必然能强大，光长大了就得长生，与道光一起永生。修道之人要向大道学习，大道那么大，却微小得肉眼看不见。它开始的时候只是一个很精微的小光，"后必乃能大"，是说后边是很大的光。光大了以后，"大者长生，与道等寿"，道是什么寿？无量寿，所以从一个小光长成了一个大光，最后这个光可以无量寿，这就是大道的品格。一个修道的人，就应该学习大道，从小到大到长生，是这样走过来的。

　　这一章讲任成。第一，不能左右。你不要想控制，大道泛，大道太广大了，你怎么控制？第二，无我，你要无我。第三，常称小，成其大。你一定要称小，你称了小最后就成大的了。任成就是这个意思。

第三十五章　仁德

道大无所不包，是个最大的虚象。如果能行大道，天下人都会响应。

原典：执大象，天下往。

——《道德经·第三十五章》

《注》：王者执正法像大道，天下归往，旷塞重驿，向风而至。道之为化，自高而降，指谓王者，故贵一人，制无二君，是以帝王常当行道，然后乃及吏民。非独道士可行，王者弃捐也。上圣之君，师道至行，以教化天下，如治太平符瑞，皆感人功所积，致之者，道君也。中贤之君，志信不纯，政复扶接，能任贤良，臣弼之以道。虽存国，会不荡荡，劳精躬勤。良辅朝去，暮国倾危，制不在上，故在彼去臣。

所以者化逆也，犹水不沭西。虽有良臣，常难致治。况群耶杂政，制君讳道，非贱真文，以为人世可久随之王者。道可久弃捐，道尊且神，终不听人，故放精耶，变异汾汾，将以诚海，道隐却观。乱极必理，道意必宣。是以帝王大臣不可不用心殷勤审察之焉。

君王用大道治理国家，天下将自动归顺。远处偏僻地方的人，也会望风而至。道是从上到下地教化世界，道只会选择一个君王，不会选两个，所以君王应当行道，惠及臣民。不只是修道之人行道，君王也行道，道是整体，不会抛弃君王行道。水平最高的君王，是以道为师，是行道的典范，以道教化天下，达到太平盛世，就一定会有祥瑞出现，祥瑞是对法身功德的感应，能有祥瑞降临的，一定是个得道的君王。中等贤明的君王，信道不坚定，需要有人扶持，能用贤良之臣用道辅佐，虽然国家会保全、会安定，但是人们会疲于奔命。良臣早上走了，国家晚上就会灭亡。保全国家的主导权不在君王，而在贤臣。

为什么会这样？教化的方法反了，就像逝水不会向西一样。道的教化是自上而下，现在是自下而上，所以方向反了，就难了。虽有良臣，国家难得大治，何况朝中还有小人干政，诱导君王离德失道，攻击真正的道书，以为君王有权，可以随心所欲，可以长久地抛弃道。道尊贵而英明，不会任人摆布，让坏人出来表演，不过是让他做一个反面教材，道会冷眼旁观。大乱终究会达到大治，那时，道的意志就会显现。所以，君臣一定要从内心勤加反省。

"执大象，天下往"，是说大道是一个很大的象，天下万物全部都跟着大道在走，所以它一呼百应，所有的生命都是跟着它走的。

"王者执正法像大道，天下归往，旷塞重驿，向风而至"，是说一个君王要学大道，天下都会追随他，哪怕是偏远的地方都会向风而至，都会跑过来，只要是大道，所有的生命都会归顺于他。一个君王要治理国家，就要悟道修道，修道之后，天下都会自动归顺大道这个能量，道的自然法则，是最强大的统御、管理力量。

"道之为化，自高而降，指谓王者，故贵一人，制无二君，是以帝王常当行道，然后乃及吏民"，是讲大道的运行，是从上到下的。这是一个金字塔，金字塔顶端的这个人得道了，会将下边的全覆盖。道就是一个覆盖，一个复制，道就是这样传的。自高而降，只选一个君王，不会选第二个。国无二君，一个国家不能选两个君王，君王如果行道的话，他的臣民都会顺道而行，都会效法大道。

"非独道士可行，王者弃捐也"，是讲行大道这件事不光是修道人的事，不能把其他人给抛弃了，更不能把君王抛弃了。

"上圣之君，师道至行，以教化天下，如治太平符瑞，皆感人功所积，致之者，道君也"，是讲上圣之君，一个得道的君王，信道、行道的君王，他一定是效法大道而行的。大道是怎么行的，大道就是从上往下，上边治理好了，下边就全部覆盖了，全部教化好了。"如治太平符瑞，皆感人功所积"，如果是一个得道的君王，他行的是大道，必有天象，天降祥瑞。这一定是降祥瑞的表现，表现的是什么？表现的是这个君王是一个得道的，他得道了，就有道光，有道光了，就会感应，就会垂瑞象。所以瑞象跟行道者有关，你这个人有道光，天会给你降祥瑞的。

再下一等的是什么呢？忠贤之君就是第二等。第二等的君是什么呢？"志信不纯，政复扶接，能任贤良，臣弼之以道"。第二等的君王，他虽然信道信得不真，但是他可以用良臣，他可以用一个很正直的君子，来辅佐自己。"虽存国，会不荡荡，劳精躬勤"，就是说这个君王他不信道，他的大臣信，大臣来弥补君王，来帮助君王，这样会怎么样呢？这样做的话国家好像不会灭亡，但是不安定，大臣做事会非常累，非常困难，疲于奔命。"良辅朝去，暮国倾危"，是讲早晨良臣离开，晚上这个国家就灭亡了。"制不在上，故在彼去臣"，是说保全这个国家不在于君王，而在于良臣。君王不信大道，好不容易有一个信道的良臣来辅佐你，结果这良臣还被赶跑了。所以良臣一被赶跑，从上到下没有一点儿正气，国家非得灭亡不可。

"所以者化逆也，犹水不沃西"，是讲水都是向东流的，结果逆着方向反了。"虽有良臣，常难致治"，是讲虽然良臣不错，但是治理起来也很困难。"况群耶杂政"，是讲小人进谗言，往邪道上引导君王。"制君讳道"，是讲让君王违背大道。"非贱真文"，是讲小人跟君王胡说，而且污蔑道书。比如大道的书，这是真文，小人为了操控君王，将好书说成坏书，污蔑道书。"以为人世可久随之王者。道可久弃捐，道尊且神，终不听人"，是讲他以为自己有权力就可以胡作非为了。他把白的说成黑的，胡说八道，认为自己有权有势就可以长久。他自认为"道可久弃捐"，自认为可以长久地离开道，抛弃大道，可他不懂，"道尊且神，终不听人"，他不知道大道多高，大道多尊贵，怎么能听一个小人的摆布呢？"故放精耶，变异汾汾，将以诚海，道隐却观"，小人不是得志吗？好，让小人出来表演吧，比如你做坏事、篡权、搞歪理邪说，大道会放任你。但是"道隐却观"，大道会冷眼旁观，就让你乱，"乱极必理，道意必宣"，大乱之后终究就会大治，那时候道的意志就会显现。所以说"帝王大臣不可不用心殷勤审察之焉"，君臣一定要内心勤加反省，就是说离开道了，你休想长久。你来假的、错的，根本就不行。好像小人得志、得逞了，其实那个就是让你表演，表演完了肯定就灭亡，所以大道会冷眼旁观。

走入大道的人都不会受害。

原典：佳而不害。

——《道德经·第三十五章》

《注》：王者行道，道来归往，王者亦皆乐道，知神明不可欺负，不畏法律也，乃畏天神，不敢为非恶，臣忠子孝，出自然至心，王法无所复害，形罚格藏，故易治，王者乐也。

君王行道，道就来归，君王也乐道，知道神明不可欺，不怕法律，怕天神。不敢作恶，臣忠子孝是由衷的，王法不会伤人，刑罚也束之高阁，所以国家容易治理，君王也会开心。

"佳而不害"，这个佳就是好的意思，大道是纯阳的，所以沾上大道一定是有好处的，不可能有害处。

"王者行道，道来归往，王者亦皆乐道，知神明不可欺负，不畏法律也，乃畏天神，不敢为非恶，臣忠子孝，出自然至心，王法无所复害，形罚格藏，故易治，王者乐也。"大道是纯阳的，不会有害。一个君王如果归道、信道，人们就不会怕君王，人们怕天神。所以说人们都会自动、真心地尽忠尽孝，这都是出于真心的，法律、刑罚等根本用不着。"形罚格藏"，刑罚也可以束之高阁，监狱都是空的，没有人犯错误。如此，治理天下就很容易，君王也会很开心。这就是"执大象，天下往。佳而不害"。

得到安详和大乐。

原典：安平大乐。

——《道德经·第三十五章》

《注》：如此之治，甚大乐也。

如此治理国家，也是很大的快乐。

给人美食享乐，过路的人都为之停步。

原典：与珥，过客止。

——《道德经·第三十五章》

《注》：诸与天灾变怪，日月运珥，倍臣纵横；刺贯之咎，过罪所致。五星顺轨，客逆不曜，疾疫之气，都悉止矣。

各种天灾，如日月星辰的异常，是人的行为导致的。好的天象也是人的行为合道的感应，五星连珠，彗星隐光逆行，瘟疫就会消失。

"与珥，过客止"，原来的意思是说，好的美食吸引了过客，人们都很喜欢。"诸与天灾变怪，日月运珥，倍臣纵横；刺贯之咎，过罪所致。五星顺轨，客逆不曜，疾疫之气，都悉止矣"，讲的是很多的灾难是有象的，如"日月运珥"，像两只耳朵一样放光，日月不像正常的样子，旁边有多余的光冒出来了。"倍臣纵横"，它也是一种星。"刺贯之咎"，讲的是自然灾害、天体的异常，异常的天灾来自人祸，是人的问题，人出了问题，天表现出了异常，然后出现自然灾害。反过来说，如果没有灾难，天也会垂象，"五星顺轨，客逆不曜"，讲的就是天出的瑞象。如果你人都对了、都好了，那就都是善良真诚的纯阳的生气。现在，都用识神，煞气、阴气太重了，所以造成各种各样的天灾。如果人都用元神，都用大智慧，都是纯阳之气，天就会出瑞象，就不会有灾祸。

道生出的先天一炁，好像没有滋味。

原典：道出言，淡无味。

——《道德经·第三十五章》

《注》：道之所言，反俗绝巧，于俗人中甚无味也。无味之中有大生味，故圣人味无味之味。

道所说的和世俗相反，拒绝巧诈，在俗人看来很平淡无味。无味中蕴含着永生的味，所以圣人能体味无味中的深意。

"道之所言，反俗绝巧"，是说不需要那么多的技巧，你要说什么，一个字两个字就行了。你不要用一大堆的形容词，你可能有这样那样的形容，这相当于一个人跑过来跟你说一件事，他一直喘气，就是不告诉你，你说着不着急，这就是"道之所言，反俗绝巧"。"于俗人中甚无味也"，是讲大道很简单，俗人会说"你这个太朴素了，太不花哨了"，但是"无味之中有大生味"，无味当中有长生，无味当中藏伟大的智慧，这才是最高级的。"故圣人味无味之味"，圣人能够体味无味当中的深味，这就是仁德。

这一章讲仁德。第一，执大象；第二，给万物好处；第三，平淡是真。

第三十六章　微明

一个微小的光，叫微明。

想要收敛它，必先扩张它。

原典：将欲翕之，必固张之。

——《道德经·第三十六章》

《注》：善恶同规，祸福同根，其先张者，后必翕。

善恶同一个规则，福祸同出一个根本。先张扬，后边就是收敛。

想要削弱它，必先加强它。

原典：将欲弱之，必固强之。

——《道德经·第三十六章》

《注》：先强，后必弱。

先强，后边就是弱。

想要废除它，必先抬举它。

原典：将欲废之，必固兴之。

——《道德经·第三十六章》

《注》：先兴，后必衰废。

先兴旺，后边就是衰败。

想要夺取它，必先给予它。

原典：将夺之，必固与之。

——《道德经·第三十六章》

《注》：先得，后必夺也。

先得了，后边就被夺了。

这才是知道了道的深奥玄理。

原典：是谓微明。

——《道德经·第三十六章》

《注》：此四事即四怨、四贼也，能知之者微且明，知则副道也。道人畏
翕、弱、废、夺，故造行先自翕、自弱、自废、自夺，然后乃得其吉。及俗
人废言，先取张、强兴之利，然后返凶矣。故诚知止足，令人于世间裁自如，
便思施惠散财除殃，不敢多求。奉道诫者，可长处吉不凶；不能止足，相返
不虚也。道人不可敢非，实有微明之知。

这四件事也就是四怨、四贼，明白这个道理，就能与道同行。得道的人
怕细微、弱小、衰颓、被夺，所以他们的行为先自翕、自弱、自废、自夺，
然后就得道吉祥。至于俗人，无视这四件事，行事张扬、逞强、趋利，然后
招来灾难。所以，道劝人知足、知止，只要能维持基本生存的需要，就要想

着广施恩惠，散财除殃，不敢过多地贪求。奉道诚的人，可以长久地吉祥，没有凶险。如果不知足，相反的结果就会来，真实不虚。得道的人不敢做错事，是因为有微明的智慧。

"此四事即四怨、四贼也，能知之者微且明。"就是你能知道道的精微的运动轨迹，它的作用。"知则副道也"，就是你明白了这个细微的道的内涵，道的这种无形的运作，你明白了这个以后就会则副道，就能与道同行。所以"道人畏翕、弱、废、夺"，这四个字，修道的人是害怕的，"故造行先自翕、自弱、自废、自夺，然后乃得其吉"。在一个阴阳的世界，有黑就有白，有甜就有苦，修道的人怎么办呢？你不能被阴阳所摆布，你应该跳出来，跨过阴阳，超越阴阳。你先自翕、自弱、自废、自夺，然后把这种左右摇摆，打一巴掌揉一揉，总是这么颠来倒去的给超越了，这样做就可以得到吉祥。

俗人是什么呢？废言。就是俗人根本不信，他不懂。"先取张、强兴之利，然后返凶矣"，是讲他总在争强好胜，以为这个好，浪费了半天的精力去争夺这个，结果是一个恶果，"然后返凶矣"。

"故诚知止足，令人于世间裁自如，便思施惠散财除殃，不敢多求"，是讲你知道了阴阳世界，有得就有失，你知道这回事了，你要超越它，你不要总去争、总去夺，结果你得来的是一个恶果。你应该怎么样？劝人知足知止，只要能维持基本生存的需要，就要想着广施恩惠，散财除殃。你看这个钱你得来了，但是在钱的背后藏着什么？比如卖药，你卖了这个药，挣了很多钱，但是你知道卖药挣的钱后边是什么呢？后边是因果业力。不知道有这种东西等着你，不要不知足和贪求，你应该多舍，要想着广施恩惠，散财除殃。你自认为很成功，但是实际上后边有很大的灾难在等着你，要做功德才能消除那些业力。

"奉道诚者，可长处吉不凶"，是讲吉凶是前后相随的，懂了以后，你的能量强了，懂了以后，你多去做善事，多去消业，这样的话你就长处吉

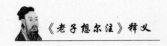

不凶。"相返不虚也"，是说你知足了，老天就让你长处吉祥没有灾难。如果你不听话，或者不懂的话，老天必定给你降灾。

"道人不可敢非，实有微明之知"，是讲修道的人不能做错事，因为有微明的智慧，这个很小的光是怎么运作的？它隐藏着大道运行的规律，这种规律你了解透彻以后，就要超越它。阴阳就是左右，阴阳、好坏，今天成了明天败了，总是摇摆不定。你懂得道的微明这个道理以后，你就要站上来，你要站到一上，不要被二、被阴阳甩来甩去的。你要守在一上，守在恒定上。

柔弱战胜刚强。

原典：柔弱胜刚强。

——《道德经·第三十六章》

《注》：道气微弱，故久在无所不伏。水法道柔弱，故能消穿崖石。道人当法之。

道气微弱，所以能够长久地渗透于万物中。水效法道的柔弱，所以能够穿透崖石。修道之人应当效法。道很柔弱，但是它能够穿石，虽然它很弱，但它无所不伏，天下所有的生命都会臣服于它，也就是柔弱胜刚强。

鱼的生存不可以脱离池渊。

原典：鱼不可胜于渊。

——《道德经·第三十六章》

《注》：诚为渊，道犹水，人犹鱼。鱼失渊去水则死；人不行诚守道，

道去则死。

道诚好比是渊谷，道就像水，人是鱼。鱼离开渊谷之水就会死，人不守道诚，没有道行，道光离开了，人也会死。

大道能量是身国的利器，无形无相，不能拿出来给人看。

原典：国有利器，不可以视人。

——《道德经·第三十六章》

《注》：宝精勿费，令行缺也。又一说曰：道人宁施人，勿为人所施；宁避人，勿为人所避；宁教人为善，勿为人所教；宁为人所怒，勿怒人；分均，宁与人多，勿为人所与多。其返此者，即为示人利器也。

"宝精勿费，令行缺也。"宝精不浪费，令人的行为有所缺失。这句话应该理解成宝精不浪费，让人的行为都是对的，没有错的。"令行缺也"，其实这句话应该理解成这样，或者这丢了一个字，或者这样理解才对。又一种说法："道人宁施人，勿为人所施；宁避人，勿为人所避；宁教人为善，勿为人所教；宁为人所怒，勿怒人；分均，宁与人多，勿为人所与多。其返此者，即为示人利器也。"讲的是另一个意思：一个得道的人，宁愿多给别人，也不愿意从别人那里多得；宁愿避开人，也不愿意被人避开；宁愿教人行善，也不愿被人所教；宁愿被人发火，也不愿迁怒于人；分东西宁愿给人多得，自己不多得。行为与上述相反，就是将利器在别人面前炫耀了。

"国有利器，不可以视人。"说的是很厉害的能量，是身国利器，无形无相，不能拿出来给人看。刚才讲的是微明，讲大道这个很小、很小的光，这个微明，小光粒、小光点，你不要看着它小，它是大道整体的代言人。这是国之利器，是一个国家最宝贵的武器，或者是一个人身体中隐藏的最宝贵

191

的东西。它不能像一个有形的东西能够拿出来给人看，其实是这个意思。

这一章讲微明。第一，小光是阴阳合一的。第二，是弱战胜强的。第三，不可离开根本，鱼不可离开渊谷之水，这一个小光，代表的是大道能量海无限的光。小光不能离开大海，小光可以带动大能量，但是你必须守道、尊道，必须跟道融合，这样才能发挥这个小光拥有的巨大威力。第四，这个是无形的，大道的妙用是无形的，所以无法示人。它不是一个有形的可以拿给人看的东西，它是拿不出来的。

第三十七章　为证

道是虚无的，好像什么事情也没做，但是无形中已经什么都做了。

道的本性是不做阴恶之事，所以能神奇，所有阳善的事都能做，修道的人应当效法。

原典：道常无为而无不为。

——《道德经·第三十七章》

《注》：道性不为恶事，故能神，无所不作，道人当法之。

"道常无为而无不为"，"道性不为恶事，故能神，无所不作，道人当法之"。大道的特点，跟阴气没有关系，不为恶事，恶事就是阴的。大道是纯阳的，不是阴的，所以很神奇。因为是正能量，正能量无所不作，大道的光，这个正能量，你看不见，好像什么也没做，但是在无形中该做的就已经做了。修道之人要向大道学习，人不能无为无不为，只有金丹这个光修出来，可以无为无不为。人作为一个有思想的肉身，是不可能无为，不可能无不为的，只有光可以无不为。

人心要能守住虚无的道。

原典：王侯若能守。

——《道德经·第三十七章》

《注》：王者虽尊，犹常畏道，奉诚行之。

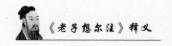

君王身份尊贵，也要敬畏大道，奉道而行。

身体的一切变化都会自动发生。

原典：万物将自化。

——《道德经·第三十七章》

《注》：王者法道为政，吏民庶孽子悉化为道。

君王效法道而行政令，臣民与不良子孙都会被道化。它是上行下效的，上边的王侯行道的话，他底下就没有不好的大臣，也没有不好的百姓，所有的都会转阳，转阳了就全是好的。"万物将自化"就是这个意思。

只有静能化解欲，要用无欲质朴的心对治。

原典：化如欲作，吾将镇之以无名之朴。

——《道德经·第三十七章》

《注》：失正变得耶，耶改得正。今王者法道，民悉从正，斋正而止，不可复变，变，为耶矣。观其将变，道便镇制之，检以无名之朴，教诫见也。王者亦当法道镇制之，而不能制者，世俗悉变为耶矣，下古世是也。

离开正的就是邪的，改掉邪的才会重新获得正气。如今君王效法道，百姓都归了正。敬奉正气，不要再改变，改变又会变成邪的了。观察将要改变，道就会加以抑制，以无名之朴的标准告诫他们。君王也能效法道加以抑制，如果不能抑制，世道就又变邪恶了，下古时期就是这样。

"化如欲作，吾将镇之以无名之朴。"说的是什么呢？"失正变得耶，耶改得正。"讲的又是什么呢？你离开正的就是邪的，你把邪的改掉了，正的才能回来。所以有人不明白，以为"我懂真的了，我再去学别的"，别的是假的。你离开了正的、真的，那就邪了，必须把这个邪的彻底扔掉，才会重新得正气，这就是"耶改得正"。

"今王者法道，民悉从正，斋正而止，不可复变"，讲的是什么呢？一个君王信道之后，底下的大臣和百姓都效仿他，你是什么样的，底下就被你复制成什么样的。但是，他不明心见性，他不坚定，本来是邪的，现在归正了，他又动摇了，又回到邪的上去了。"吾将镇之以无名之朴"，讲的是"道便镇制之，检以无名之朴，教诫见也"。他本来是邪的，现在归正了却又不坚定，这时候道就能感觉，观察将要改变了，道就加以抑制，以无名之朴的标准来告诫他们。这个人左右摇摆，他一摇摆大道就知道了，那就赶快用无名之朴，用本朴，用这个东西来加强，本朴一出来，这个人的犹豫就退下去了。他本来左右摇摆，本朴一出来，他就明白了，就不会再归于邪。这讲的就是在摇摆的时候用朴来震慑。

"检以无名之朴，教诫见也。王者亦当法道镇制之，而不能制者，世俗悉变为耶矣，下古世是也。"是说大道就用无名之朴来管这个，来加强这个，让他不要再往邪道上走。你作为一个君王，也应该效仿大道，也应该"当法道镇制之"，也应该用大道来强化，使他们不再往邪路上走，使他们不再有阴气，让他们一直保持着阳气。但是如果你做晚了或者你不知道的话，后边就变坏了。为什么大道废了？为什么大道不流行了？因为管不住、镇不住了，所以就都往阴的邪的上走了。后天意识发达了，人的先天大智慧、人的元神和自然体系就都靠边站了。

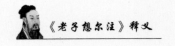

本性之大朴，可以化解电感。

原典：无名之朴，亦将不欲。

——《道德经·第三十七章》

《注》：道性于俗间都无所欲，王者亦当法之。

"无名之朴，亦将不欲"，"道性于俗间都无所欲，王者亦当法之"。道的本性对世俗的一切都没有欲望，君王应当效法。讲的就是本分，人的本分就是大道，它对世俗的那些假的事情根本没有兴趣，所以君王要懂这个道理，效法大道。

只有静能化解欲，天下将自正定也。

原典：无欲以静，天地自正。

——《道德经·第三十七章》

《注》：道常无欲，乐清静，故令天地常正。天地，道臣也，王者法道行诚，臣下悉皆自正矣。

"无欲以静，天地自正。"所以说只有静才能化解欲，天下将自正。"道常无欲，乐清静，故令天地常正。天地，道臣也，王者法道行诚，臣下悉皆自正矣。"大道总是无欲的状态，喜欢清静，所以使天地充满了正气。天地是道的臣子，君王效法道，行道诚，遵守大道的教诲，臣子也就变得一身正气了。

这一章讲为证。第一，无为；第二，自动化；第三，无名之朴；第四，清静，以性待命，一切自动就好了。从修道的角度来理解《道德经》，你看前面这句话："无名之朴，亦将不欲，无欲以静，天地自正。"对应元精发动。如果元精发动了以后，你的能量很强，有很强的电的感觉，有各种的意识，但是该怎么办？要"镇之以无名之朴"，就是本心、本性，本心、本性就是无知无欲，就是深度的静。深度的静、无知无欲出来以后，超强的火马上就变成水，然后就水火既济，产生一种中和的、很舒服的、很柔和的阳气，就是那个感觉。其实这句话也能够验证，对应元精发动这件事也是说得通的。